KB164800

대학의
탄생

THE
RISE OF
UNIVERSITIES

The Rise of Universities
by Charles Homer Haskins
1923

대학이란 무엇인가?

대학의 탄생

찰스 호머 해스킨스 지음
김성훈 옮김

THE
RISE OF
UNIVERSITIES

연암서가

옮긴이의 말

───────

이 책은 찰스 호머 해스킨스(Charles Homer Haskins)의 *The Rise of Universities* (New York, 1923)를 우리말로 옮긴 것이다. 해스킨스는 20세기 미국을 대표하는 역사가 중 한 명으로서 특히 중세사 분야에서 두각을 나타냈다.

해스킨스는 1923년 미국 브라운 대학에서 콜버 강좌(The Colver lectureship)를 열었다. 콜버 강좌는 로젠버그 부인(Mrs. Rosenberger)이 브라운 대학을 졸업한 자신의 부친 찰스 켄드릭 콜버(Charles Kendrick Colver)를 기리며 이 대학에 희사한 기금으로 설립되었다. 브라운 대학에서는 1916년부터 해마다 각 분야의 저명한 학자들을 초빙해 콜버 강연을 진행했고, 그 결과물을 책으로 출판했다. 1923년에는 해스킨스가 콜버 강좌를 맡아 '중세 대학의 기원과 성격'을 주제로 세 차례 강연을 했다. 첫 번째 강연에서는 중세 대학의 기원을 추적했다. 알프스 이남의 볼로냐 대학으로부터 논의를 시작해 알프스 이북의 파리 대학의 성립 과정을 개괄하고, 나아가 중세 대학으로부터 우리가 물려받은 유산이 무엇인지를 검토했다. 두 번째 강연에서는 대학 교육의 풍경을 묘사했다. 중세 대학에서 무엇을 어떻게 가르치고 배웠는지를 살펴본 뒤에 대학의 영원한 화두인 '학문의 자유'에 관해 논했다. 세 번째 강연에서는 중세 대학에서의 학생들의 삶을 조명했다. 이를 위해 다양한 역사 자료, 특히 그 시대 학교 문헌과 학생들의 글(편지와 시)을 일견하였다.

해스킨스는 세 번에 걸친 강연을 통해 현대 대학이 중세 대학의 직계 후손이라는 점과 그때나 지금이나 학문 공동체로서의 대학의 본질은 변함이 없다는 점을 강조했다. 이런 해스킨스의 견해는 요즘처럼 변화무쌍한 시대에 진부한 구석도 있지만, 어찌 보면 그의 진단 이상으로 대학이 무엇인지를 설명할 길도 없다. 제프리 초서(Geoffrey Chaucer)의 오래된 표현대로 대학은 어디까지나 '기꺼이 배우고 기꺼이 가르치려는' 사람들의 집단에 불과하며, 이는 과거에도 그러했고, 현재에도 그러하며, 미래에도 그러할 것이다.

김성훈

서문에 부쳐[1]

———

찰스 호머 해스킨스(Charles Homer Haskins)는 1870년 12월 21일 펜실베이니아 메드빌에서 태어났다. 어려서부터 언어에 남다른 재능을 보여 이미 다섯 살 때 아버지로부터 라틴어와 희랍어를 배웠다. 열여섯 살에 존스 홉킨스 대학을 졸업한 후 잠시 파리와 베를린에서 수학했다. 존스 홉킨스 대학에서 박사학위를 받고 이 대학에서 가르치는 일을 시작했는데, 이때 그의 나이 스물이 채 되지 않았다. 이후 위스콘신 대

———

1 코넬 대학판 서문(Prefatory Note, 1957)을 우리말로 옮긴 것이다.—옮긴이

학에서 열두 해 동안 유럽사를 가르쳤고, 1902년에 하버드 대학으로 자리를 옮겨 1931년까지 재직했다. 1937년 5월 14일 매사추세츠 케임브리지에서 생을 마쳤다.

해스킨스는 오랫동안 하버드에 재직하면서 이 대학을 대표하는 인물로 자리매김했다. 비단 1908년부터 1924년까지 문리대학의 대학원장으로 있었기 때문만은 아니었다. 훗날 동료 교수들이 그의 죽음을 애도하며 증언하듯, 인간적인 면모가 빛을 발했다.

해스킨스는 역사학을 인문학인 동시에 인간과학으로 간주하면서 적극적이고 진보적인 방법으로 가르쳤다. 그의 강의는 역사학 전공자들에게 큰 영향을 미쳤다. 동료들과의 논쟁에서도 남들은 고르디우스의 매듭(Gordian Knots)을 자르기 바쁜데 해스킨스만이 그것을 손쉽게 풀어냈다. 그야말로 처음부터 대학 총장감이었지만, 그런 유혹을 몇 차례 뿌리쳤다. 재치 있고 유쾌한 입담에, 오랜 산책을 즐겼다. 각종 모임과 친구들 사이에서 인기를 독차지했고, 종교적으

로도 매우 신실했다. 그는 하버드에 없어서는 안 될 인물이 되었고, 역대 최고 반열에 이름을 올렸다.[2]

해스킨스는 행정가로서도 뛰어났다. 실무적인 능력은 하버드 안에서만 유효한 것이 아니었다. 그는 왕성한 학외활동을 통해 미국역사학회, 미국중세사학회, 미국학술원과 같은 중요한 학술단체 설립에 지대한 공헌을 하였다. 그뿐만 아니라, 제1차 세계대전 종전 후 파리 강화회담에 미국 대표단의 일원으로 참석하기도 하였다.

해스킨스의 학문적 업적은 11세기부터 13세기까지의 고중세시대(The High Middle Ages)에 집중되었다. 그의 초창기 학문적 관심사는 북프랑스 지역의 제도들을 연구하는 것이었다. 고대의 자료들을 꼼꼼히 연구하여 1918년 *Norman Institutions*를 출간했는데, 이 책은 그 시대 프랑스와 영국의 제도사 연구에 표준적인 교과서가 되었다. 그 밖에 해스킨스는 사상과 학

2　R. P. Blake, G. R. Coffman, and E. K. Land, "Charles Homer Haskins," *Speculum* XIV (1939), 414.

문의 발달에 관심을 가졌다. 특히 고중세시대 학문의 역사에 주목했다. 유럽의 옛 필사본들에 관한 해박한 지식을 앞세워 그는 지금까지 세상에 알려지지 않았던 자료들을 새롭게 발굴하여 많은 다양한 문제들을 논하였고, 그 결과를 두 권의 에세이 모음집, *Studies in the History of Science* (1924)와 *Studies in Mediaeval Culture* (1929)로 출간했다. 이러한 논문 모음집 말고도 그는 자신의 연구를 종합해 *The Renaissance of Twelfth Century* (1927)를 저술했는데, 이 책은 출간 직후부터 세상의 주목을 받았다.

포윅(F. M. Powicke)의 지적대로, "해스킨스는 자신의 연구를 대중화하는 작업에 앞장섰다."[3] 그는 하버드와 캘리포니아 대학에서 '노르만인들의 역사적 중요성'을 주제로 일련의 강의를 열었고, 1925년 같은 제목의 책을 출간했다. 마찬가지로 1923년 브라운 대학에서 '중세 대학의 기원과 성격'을 주제로 세 차례 강의를 진행했고, 그 내용을 간추려 단행본을 출간했다.

---

3 F. M. Powicke, "Charles Homer Haskins," *English Historical Review*, LII (1937), 653.

1929년 해스킨스의 대학교수 생활 40년을 기념하는 논문집, *Anniversary Essays in Mediaeval History by Students of Charles Homer Haskins*가 출간되었다. 기고자 대부분이 오늘날 중세사 분야의 대가로 손꼽히는 인물들인데, 이들의 폭넓은 관심사와 창의적인 연구는 일찍이 스승으로부터 받았던 훈련과 영감(靈感) 덕분이었다.

해스킨스는 성공한 행정가, 독창적인 학자, 위대한 교사의 삼박자를 고루 갖춘 인물이었다. 프랑스의 어느 저명한 중세사학자(F. Jouon des Longrais)의 말처럼, "찰스 호머 해스킨스는 미국에서 중세사 연구의 르네상스를 이끈 선구자였다."

테오도르 몸젠[4]

---

4 Theodor E. Mommsen, 1905~1958. 미국 코넬 대학의 중세사 교수.-옮긴이

대학의 탄생

차례

————

제1장

최초의 대학들

———

머리말

대학은 성당과 의회처럼 중세의 산물이다. 좀 이상하게 들리겠지만, 그리스와 로마 사람들은 과거 일고여덟 세기 동안 통용되었던 의미에서의 대학을 가지고 있지 못했다. 그들에게도 고등교육은 있었다. 그러나 그것이 대학과 동의어는 아니다. 그들의 법학, 수사학, 철학 교육은 가히 넘볼 수 없는 수준이었지만, 그것은 영구적인 학습 기관의 형태로 조직되지 못했다. 소크라테스[1]와 같은 위대한 교사는 졸업장을 준적이 없었다. 만일 오늘날 어느 학생이 그의 밑에서 석 달쯤 수업을 들었다면, 그는 자신이 교육을 받았음을 객관적으로 증명하는(물론 그런 것이 존재할 수 있는가는 소크라테스 대화법의 더할 나위 없이 좋은 논의 주제일 테지만) 수료증을 요구했을 것이다. 12~13세기에 이르러서야 비로소 우리에게 매우 친숙한 형태의 교육 조직이 세상에 등장한다. 그것은 학부, 칼리지, 교육과정, 시험, 졸업, 학위를 특징으로 하는 교육 시스템이다. 이런 모든 문제와 관련하여 우리는 아테네와 알렉산드리아가 아니라 파리와 볼로냐의 계승자들이다.

이들 최초의 대학들은 당연히 오늘날 우리의 대학들과 여러 가지 점에서 현격한 차이를 보인다. 중세 대학은 그 성립 시기로 되돌아가면 도서관, 실험실, 박물관, 자산, 건물 등을 전혀 가지고 있지 않았다. 카네기 재단(Carnegie Foundation)[2]의 기준에 따르자면 부

1 Sokrates, c.470~399BC. 고대 그리스의 철학자. 서양 주지주의 철학의 창시자.-옮긴이
2 카네기가 출연한 기금으로 설립된 교육 및 학술 진흥 재단. Andrew Carnegie, 1835~1919. 미국의 철강왕, 자선사업가. -옮긴이

대학의 탄생

실 대학인 셈이다. 미국의 신생(新生) 대학을 보는 것처럼 중세 대학은 무심결에 지역적인 색채를 드러낼 뿐 "우리에게 익숙한 물질적인 형태로 존재하지 않았다." 파스키에[3]의 유명한 말처럼, 중세 대학은 "사람들로 이루어져 있었다(bâtie en hommes)." 이사회 같은 조직은 없었고, 대학 목록도 발행하지 않았다. 대학이 기본적으로 학생들의 집단이라는 것 외에 학생회, 방송부, 연극부, 운동부, 각종 "교외 활동들"도 전무했다.

그러나 이런 커다란 차이에도 불구하고 20세기 대학이 중세 파리와 볼로냐의 직계 후손이라는 점은 변함이 없다. 이들 초기 대학들은 우리가 떨어져 나온 모암(母巖)이자 우리가 묻혀 있던 구덩이다. 근본적인 조직은 같고 역사적인 연속성은 깨어진 적이 없으며 그로부터 현대 대학의 전통이 탄생했다. 오늘날 우리의 모든 신구(新舊) 고등교육 기관들이 그 전통을 공유하며, 대학에 몸담은 사람이라면 누구나 그것을 이해

---

3 Étienne Pasquier, 1529~1615. 프랑스의 법률가, 저술가.-옮긴이

하고 소중히 여긴다. 나는 세 번에 걸친 강연을 통해 이들 초기 대학들의 기원과 성격에 관해 알아볼 것이다. 첫 번째 강연에서는 대학의 발생을 추적하고, 두 번째 강연에서는 대학에서의 교육을 살펴보고, 세 번째 강연에서는 대학생들의 생활을 다룰 것이다.

볼로냐와 남유럽

최근에 대학의 초기 역사가 역사가들의 시선을 끌기 시작하면서 중세의 교육기관이 오랜 신화와 동화의 영역에서 마침내 탈출하였다. 이제 우리는 천년(千年)의 전설을 뒤로한 채 옥스퍼드 대학의 설립이 알프레드 대왕[4]의 치적들 가운데 하나가 아니라는 사실을 알게 되었다. 볼로냐 대학의 기원도 테오도시우스 황제[5] 때까지 거슬러 올라가지 않는다. 물론 파리 대학

---

4 Alfred the Great, 849~899. 바이킹의 침략에 맞서 앵글로색슨 왕국의 문화와 전통을 지켜낸 잉글랜드의 왕.-옮긴이
5 Theodosius II, 401~450. 동로마 제국의 황제. 칙법을 편찬했다.-옮긴이

도 샤를마뉴[6] 시절에 존재했기는커녕 그로부터 거의 사백 년이나 뒤에 등장했다. 현대에도 설립자나 개교 연도를 모르는 경우들이 비일비재(非一非再)하다. 우리가 그런 사실을 깨닫지 못할 뿐이다. 대부분은 "그냥 생겨났다"고 보아야 하며, 서서히 조용히 발생하여 정확한 기록을 남기지 않는다. 이런 까닭에 데니플레 신부[7]와 래쉬돌[8]의 연구를 비롯한 지역 전문가들의 온갖 조사에도 불구하고 가장 오래된 대학들의 시작점은 모호하고 때론 불확실하다. 따라서 우리의 서술이 매우 일반적인 수준에 머물 때도 있다.

대학의 성립을 가져온 동인(動因)으로는 학문의 대부흥이 있다. 이것은 흔히 생각하는 14~15세기의 부

---

6 Charlemagne, c.742~814. 카롤링거 왕조 출신의 프랑크 왕국의 왕. 서로마 지역을 재통일하여 교황으로부터 로마 황제의 제관을 받았다.-옮긴이

7 Heinrich Seuss Denifle, 1844~1905. 오스트리아의 교회사 연구자. 도미니크회 수도사. 대학사 연구의 기념비적인 저서로 손꼽히는 *Die Universitäten des Mittelalters bis 1400* (Berlin, 1885)를 저술했다.-옮긴이

8 Hastings Rashdall, 1858~1924. 영국의 신학자, 철학자, 역사학자. 중세 대학에 관한 표준적인 교과서 *The Universities of Europe in the Middle Ages* (Oxford, 1895)의 저자.-옮긴이

흥이 아니었다. 그보다 시기적으로 앞서는, 그 중요성에 비해 세상에 잘 알려지지 않은 부흥이다. 이를 오늘날 역사가들은 12세기 르네상스(the twelfth century renaissance)[9]라고 부른다. 지식이 중세 초기의 7자유학예(septem artes liberales)의 벽장에 갇혀 있는 동안에 대학은 존재할 수 없었다. 학습의 과정에서 문법, 수사, 논리의 기초적인 내용과 산술, 천문, 기하, 음악의 초보적인 개념들 말고는 가르칠 것이 따로 없었기 때문이다. 그러나 1100년에서 1200년 사이에 서유럽으로 새로운 지식이 대거 유입됐다. 일부는 이탈리아와 시칠리아를 통해 들어왔지만, 대부분은 스페인의 아랍계 학자들의 손을 거쳤다. 암흑기 동안 종적을 감추었던 아리스토텔레스[10]와 유클리드[11]와 프톨레

---

9 11세기부터 13세기 사이에 일어난 서유럽의 사회, 정치, 경제, 문화적 변혁 운동을 일컫는다. 이 기간에 중세 사회는 철학, 과학, 문학의 부흥을 경험했다. 12세기 르네상스는 14~16세기의 르네상스에 비견되는 것으로서 중세가 흔히 생각하는 것처럼 '암흑기'가 아니었음을 방증한다.-옮긴이

10 Aristoteles, 384~322BC. 고대 그리스의 철학자. 철학 이외에도 광범위한 분야를 연구한 백과전서적 학자.-옮긴이

11 Euclid, 325~265BC. 고대 그리스의 수학자. 기하학 논고가 유명하다.-옮긴이

마이오스[12]의 저작들, 그리스의 의사들, 새로운 산술, 로마의 법전들이 세상의 빛을 보았다. 삼각형과 원의 기본적인 명제들 말고도 이제부터는 유럽의 학교들에서도 쉽고 정확한 기하학 교과서로 공부할 수 있었다. 복잡한 로마자를 대신하여(로마 숫자로 곱셈이나 뺄셈을 한다고 생각하면 얼마나 수고스럽겠는가!) 이제 아라비아 숫자로 간단히 계산할 수 있었다. 유럽에서 논리학, 형이상학, 윤리학을 가르치는 자리는 보에티우스[13]가 아닌 "그 분야의 박식한 대가"들이 차지했다. 법률과 의학의 경우 고대인들의 지식이 완전히 복원되었다. 이러한 새로운 지식으로 말미암아 성당 부속학교와 수도원 학교의 굴레에서 벗어났고, 학식 있는 전문가 집단이 출현했다. 그리하여 훗날 초서[14]의 옥스퍼드 학승(學僧)처럼 '기꺼이 배우고 기꺼이 가르치려는' 열

---

12 Klaudios Ptolemaios, c.100~c.170. 천동설을 완성한 고대 그리스의 천문학자.-옮긴이

13 Anicius Manlius Severinus Boëthius, c.477~524. 로마 말기의 철학자, 저술가.-옮긴이

14 Geoffrey Chaucer, c.1343~1400. 중세 영문학을 대표하는 시인. 영시의 아버지로 불린다.-옮긴이

의에 찬 젊은이들이 산과 물을 건너 파리와 볼로냐로 몰려들어 학문의 조합(guild)을 만들었고, 이로부터 교사와 학생들의 집단이라는 대학에 대한 우리의 최초의 가장 훌륭한 정의가 탄생했다.

12세기에 관한 이러한 일반적인 서술에 하나의 예외가 존재한다. 바로 살레르노의 의과 대학이다. 나폴리에서 남쪽으로 한나절 거리인 살레르노(처음에는 롬바르디아 왕국에 속하고 나중에는 노르만에 귀속되지만, 그리스 동부 지역과도 교류가 활발했던)에 11세기 중엽이라는 이른 시기부터 의학교가 있었다. 이 학교는 그로부터 거의 이백 년 동안 유럽에서 가장 유명한 의학교로 명성이 높았다. 이 "히포크라테스[15]의 도시"에서는 고대 그리스인들의 의학 저술들에 대한 강론이 펼쳐졌고, 심지어 해부학과 외과술의 발달도 목격되었지만, 우리가 딱히 기억하는 것은 "식후 산책은 건강에 이롭다"는 식의 간단한 건강 지침들이(여전히 유효한 것들이지만) 전부이다. 살레르노의 학문적 조직에 대해서는 1231년 이전

---

15 Hippocrates, c.460~c.370BC. 고대 그리스의 의학자. 의학의 아버지로 불린다.-옮긴이

까지 알려진 것이 없다. 그해 프리드리히 2세[16]가 학위 수여를 위한 표준 지침을 공표하면서 살레르노는 북쪽 지역에 신설된 대학들과는 다른 길을 걸었다. 살레르노는 의학의 역사에서는 중요하지만, 대학의 성립에는 별다른 영향을 끼치지 못했다.

시기적으로는 살레르노 대학이 앞서지만, 고등교육의 발달에는 볼로냐 대학이 훨씬 크게 공헌했다. 살레르노가 오직 의학교로만 알려졌다면, 볼로냐는 로마법 부활의 중심지로 가장 유명한 가운데 다른 여러 교과 교육도 가능한 곳이었다. 흔히 생각하는 것처럼 로마법이 중세 초기에 서유럽에서 완전히 사라진 것은 아니었다. 게르만족의 침략으로 인해 그 영향력이 매우 감소했을 뿐이다. 게르만족의 규약과 나란히 로마법은 로마인들의 관습법으로 명맥을 유지했는데, 이는 유스티니아누스[17]의 법전과 같은 것을 알아서가 아니라 세월이 지나면서 점차 얇아지고 단

---

16 Friedrich II, 1194~1250. 신성 로마 제국의 황제이자 시칠리아의 왕.-옮긴이

17 Justinianus I, 483~565. 동로마 제국의 황제.-옮긴이

그림 1 학문의 땅, 볼로냐. 1590년경에 제작된 판화.

순하게 바뀌는 초보적인 규범집과 예법서를 통해서였다. 『로마법대전Corpus Juris Civilis』에서 가장 중요한 부분인 「학설휘찬(Digesta)」은 603년에서 1076년 사이에 소실되었다. 겨우 두 개의 필사본만 살아남았다. 메이틀랜드[18]의 표현에 따르자면, "가까스로 목숨만 건졌다." 법학은 수사학 훈련에 빌붙어 문서를 작성하는 도제살이로 겨우 생명을 부지했다. 그러다가 11세기 후반에 이르러 무역이 부흥하고 도시 생활이 되살아나면서 법학 연구도 부활했는데, 이는 다음 세기의 르네상스를 예고하는 것이었다. 이러한 부활이 이탈리아의 한 지역에서만 관찰되는 현상은 아니었고, 그 최초의 발화점이 볼로냐였는지도 확실하지 않다. 그러나 이 도시는 그때도 지금처럼 북이탈리아 교통의 요지라는 지리상의 이점을 살려 곧 중심지로 발돋움했다. 이미 1100년 전부터 "볼로냐의 밝은 등불"로 불리는 페포[19] 교수가 등장하고, 1119년경에는 '학문의 땅 볼로냐(Bononia docta)'라는 글귀가 눈에 띈다. 파

---

18 Frederic William Maitland, 1850~1906. 영국의 법학자, 법제사 연구자.-옮긴이

리처럼 볼로냐에서도 대학 성립 초기에 위대한 교사가 있었다. 볼로냐에 명성을 안겨주었던 교사는 이르네리우스[20]였다. 그는 중세의 많은 걸출한 법학 교수들 가운데서도 단연 최고였다. 그의 저술과 가르침은 여전히 학자들 사이에서 논쟁거리다. 그는 『로마법대전』에 기초해 법문에 자세한 주석을 달았는데, 이런 방법은 지난 몇 세기 동안의 짧은 개요식 설명과 좋은 대조를 이루었다. 그는 로마법을 수사학으로부터 완전히 분리하여 전문적인 연구 분야로 확립시켰다. 이어 1140년에 산 펠리체의 수도사 그라티아누스[21]는 『교령집Decretum』을 편찬했다. 이 법령집은 교회법의 표준 교과서가 되었고, 그로 말미암아 교회법학이라는 신학과 성격을 달리하는 고등 학문 분야가 탄생했다. 그리고 볼로냐는 법학 학교로 유명해졌다.

---

19 Pepo. 11세기에 볼로냐에서 법학을 처음으로 가르친 교사. 유스티니아누스의 법전을 중심으로 강의했다.-옮긴이

20 Irnerius, c.1050~c.1130. 이탈리아의 법학자. 볼로냐에서 로마법을 가르치면서 주석학파를 설립했다.-옮긴이

21 Gratianus, (?)~1158. 12세기 교회법학자. 교황의 지시로 교회법령집을 편찬했다.-옮긴이

이제 학생이라는 계층도 등장했다. 주로 편지와 시를 통해 자신들의 존재감을 드러냈다. 1158년에는 프리드리히 바르바로사[22]가 특정 도시나 대학을 언급한 것은 아니지만 이탈리아에서 공식적으로 학생들의 권리와 특권을 인정했다. 이 무렵 이탈리아는 말할 것도 없고 알프스 너머 각지에서 수백의 학생들이 볼로냐로 몰려들었다. 타국 생활의 위험 속에서 그들은 상호 보호와 원조를 위해 단체를 결성했다. 그리고 이들 알프스 이북에서 온 외국인 학생들의 조직이 바로 대학의 시작이었다. 그들은 당시 이탈리아 여러 도시에서 쉽게 찾아볼 수 있었던 길드의 형태로 조합을 결성했다. 실제로 '대학'은 원래 동업(同業) 집단 또는 단체를 의미하는 일반적인 단어다. 그런데 시간이 지나면서 '교사와 학생들의 무리(universitas societas magistrorum discipulorumque)'에만 제한적으로 사용되었다. 역사적으로, 대학(university)이라는 단어는 학문의 세계(universe)나 학문의 보편성(universality)과는 아무런

---

22 Friedrich I, 1122~1190. 신성 로마 제국의 황제. 붉은 수염왕으로 불렸다. 바르바로사(Barbarossa)는 붉은 수염을 의미한다.-옮긴이

관련도 없다. 단지 사람들의 집단을 전체적으로 일컫는 말에 불과하다. 그 집단의 구성원들이 이발사들이건, 목수들이건, 학생들이건 상관없다. 볼로냐의 학생들은 먼저 도시 주민들의 횡포로부터 자신들을 보호하기 위해 그러한 의미에서의 대학, 즉 조합을 결성했다. 왜냐하면 새로운 수요층이 늘어나면서 방세와 필수품값이 급등하였고, 학생들 개개인이 그러한 폭리에 맞서 싸우기에는 힘이 부족했기 때문이다. 학생집단은 자신들이 다른 곳으로 이주할 수 있다고 으름장을 놓으며 주민들과 협상을 벌이곤 했는데, 이것이 가능했던 이유는 대학에는 사람들만 있었지 아직 건물 같은 것은 없어서 언제든 이동이 자유로웠기 때문이다. 실제로 대학이 다른 지역으로 집단 이주했던 역사적 선례들도 적지 않다. 주민들 입장에서는 방세를 깎아주는 것이 하나도 받지 못하는 것보다 나은 선택이기에 학생 조합은 자신들의 대표를 통해 방세와 책값을 흥정할 수 있었다.

도시 주민들과의 싸움에서 승리한 학생들은 이제 '그들의 또 다른 적인 교수들'을 공격했다. 이번에는

그림2 독일에서 볼로냐로 유학 온 학생들이 동향단에 가입하는 모습(1497).

집단 보이콧이 위력을 발휘했다. 그때만 하더라도 교수들은 학생들의 수업료로만 생계를 유지했다. 따라서 학생들의 단체 행동은 그들의 생계를 위협하는 것이었다. 학생들은 교수가 지켜야만 하는 행동 강령을 공포했는데, 그들 각자가 낸 수업료에 상응하는 교육을 받으려는 조치였다. 가장 초기의 규정(1317)을 보면, 교수는 단 하루도 허가 없이 결석해서는 안 된다. 그가 도시 밖으로 나갈 때는, 다시 돌아온다는 서약과 함께 예치금을 내야만 했다. 만일 교수의 정규 강의에 수강생이 다섯 명 미만이면, 그는 폐강에 준하는 벌금을 물어야 했다. 얼마나 형편없는 강의면 학생이 다섯도 되지 않는단 말인가! 교수는 종소리가 나면 수업을 시작해서 다음 종이 울리면 1분 내로 수업을 마쳐야 한다. 교수는 교재의 내용을 임의대로 건너뛰지 말고, 어려운 내용이라고 뒤로 미루어서도 안 된다. 그는 매년 정해진 학기마다 정해진 분량을 체계적으로 가르쳐야만 했다. 한 해가 끝나가도록 서문과 참고문헌만 붙잡고 있을 수는 없지 않은가! 이런 식의 요구를 강제하기 위해서는 효과적인 학생 조직이 필요했다. 학생들은 출신 지역(nation)에 따라 두 개에서 심지어 네 개까지 학문 공동체(university)를 결성하고 자신들의 집단을 대표하는 총장(rector)을 선출했다. 단연코 볼로냐는 학생들의 대학이었고, 이런 전통이 남아서인지 이탈리아의 학생들은 여전히 대학과 관련된 일에서 자신들의 목소리를 내는데 거침이

　　　　　　　　　　　　　　대학의 탄생

없다. 내가 처음으로 팔레르모 대학을 방문했을 때, 그곳은 겨우 학생 소요가 진정된 참이었다. 학생들은 부정기(不定期) 시험을 확대하고 종합시험의 비중을 낮출 것을 요구하는 시위를 벌이며 대학 본관 유리창들을 파손했다. 지난 5월 파도바 대학의 700주년 기념일에 학생들은 말 그대로 도시를 점령하고 점잖은 공식 행사들을 자신들의 떠들썩한 가두행진과 축하소동으로 마비시켜 버렸는데, 이때도 이 도시의 유서 깊은 시청 유리창들은 남아나지 않았다.

학생들의 '학문 공동체(university)'에서 제외되었던 교수들은 그들만의 '조합(guild)' 또는 '칼리지(college)'를 결성했다. 그곳에 들어가기 위해서는 시험을 통해 자격을 획득해야만 했다. 따라서 길드의 승인을 받은 학생만이 가입할 수 있었다. 어떤 과목을 가르치는 능력은 그것을 잘 알고 있다는 것을 의미하므로 학생들은 미래 직업과 상관없이 일종의 성취증명서로서 교사면허를 얻으려 했다. 이러한 증명서, 즉 교수자격증(licentia docendi)이 학위의 가장 초기 형태였다. 오늘날 우리의 고등학위(高等學位)들인 마스터(magister)와 독토(doctor)[23]에는 그 전통이 그대로 남아 있고(원래 마스터와 독토는 동의어[24]), 심지어 프랑스어로는 학사학위(licence)까지 그러하다. 자유학예를 가르치는 사람에게는 M.A.(Master of Arts)라는 칭호를 주었고, 법학 교사면허증을 획득한 사람은 법학박사(Doctor of Laws)로 불렀다. 야심찬 학생은 장차 가르치는 일을 직업으로 삼지 않는다 하더라도 학위를 취득하고 교수 취임 공개 강연을 하였다. 우리는 이미 볼로냐에서 대학 조직, 총장과 같은 친숙한 직책, 그리고 표준화된 학위를 목격한다.

시간이 지나면서 자유교과, 의학, 신학과 같은 다른 교과목들이 등장했다. 그러나 볼로냐는 어디까지나 시민법 학교로 유명했고, 그래서인지 법학 공부가 단순히 학문적인 이유뿐만 아니라 정치적이고 사회적으로 중요했던 이탈리아, 스페인, 남프랑스에서 대학 조직의 원형(原型)이 되었다. 이들 대학 중 일부

---

23 가르치는 사람을 의미한다. '가르치다(docere)'는 동사에서 유래했다.-옮긴이
24 남을 가르치고 시험하는 사람들을 통칭하는 단어들.-옮긴이

　　　　　　　　　　　　　대학의 탄생

는 볼로냐와 경쟁하였는데, 인근의 이탈리아 학교들은 물론이고 멀게는 몽펠리에와 오를레앙이 그러했다. 1224년 프리드리히 2세는 나폴리 대학을 세웠다. 이로 말미암아 시칠리아 왕국의 학생들은 북쪽의 교황파(Guelf) 거점으로 유학을 떠나지 않고도 고향에서 황제파(Ghibelline) 학교에 다닐 수 있었다. 그로부터 두 해 전에는 볼로냐에서 떨어져 나온 사람들이 맞수인 파도바 대학을 세웠다. 작년에 이 대학의 700주년 기념식에서는 참석자 만 명의 제청으로 볼로냐 대학에 평화의 메시지를 보내면서 두 대학 간의 해묵은 불화를 치유하는 장면이 연출되었다. 그러나 우리가 주목하는 시기에 파도바는 볼로냐의 적수가 되지 못했다. 포샤[25]가 그 대학에 법률 자문을 구하고 갈릴레오[26]의 후광이 비추는 것은 먼 훗날의 일이었다.

---

25 Portia. 『베니스의 상인*The Merchant of Venice*』에 나오는 남자로 변장한 법학박사.-옮긴이

26 Galileo Galilei, 1564~1642. 이탈리아의 철학자, 과학자.-옮긴이

파리와 북유럽

북유럽에서 대학은 파리의 노트르담 대성당 부속 학교에서 그 기원을 찾을 수 있다. 12세기에 접어들면서 프랑스와 주변 저지대 국가들에서는 학문이 더 이상 수도원의 전유물이 아니었다. 그보다 리에주, 랭스, 랑, 파리, 오를레앙, 샤르트르와 같은 대성당의 부속학교들이 새로운 학문의 중심지로 떠올랐다. 이들 중에서 자유학예를 가르치는 학교로 가장 명성이 높았던 곳은 샤르트르였다. 그곳에는 성 이보[27]를 위시하여 베르나르[28]와 티에리[29] 등 고전과 철학에 조예가 깊은 교사들이 있었다. 991년이라는 때 이른 시기에 랭스의 수도승 리셰[30]는 샤르트르로 가는 험난한 여

---

27 Ivo de Kermartin, 1253~1303. 프랑스 브르타뉴 출신의 법조인, 가톨릭 사제.-옮긴이

28 Bernard de Chartres, (?)~c.1130. 프랑스의 스콜라 철학자, 고전학자. 샤르트르 대성당 부속학교에서 논리학과 문법을 가르쳤다. 12세기 샤르트르를 플라톤(Platon) 연구의 중심지로 만들었다.-옮긴이

29 Thierry de Chartres, (?)~1155. 프랑스의 철학자. 샤르트르와 파리를 중심으로 활동했다.-옮긴이

30 Richer de Reims, c.950~c.1000. 랭스 외곽 생 레미 수도원의 사제, 역사가.-옮긴이

대학의 탄생

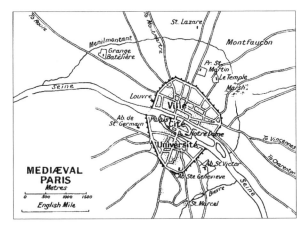

그림 3 중세 파리 지도. 노트르담 대성당과 시테 섬을 기준으로 오른쪽에는 도시가 발달하고 왼쪽에는 대학이 형성되었다. 대학이 있는 파리 좌안은 라틴구로 불렸다.

정을 서술하고 있다. 그곳에서 히포크라테스의 『잠언집*Aphorismi*』을 공부할 요량이었다. 한편 12세기에 이르면 당대 북유럽 최고의 인문주의자인 존 솔즈베리[31]가 교사들에 관한 기록(나중에[32] 인용하는)을 남겼다. 오늘날에도 이 도시는 다른 어느 곳보다 12세기 성당

---

31 John of Salisbury, c.1115~1180. 중세 영국의 철학자, 성직자. 수사학과 논리학을 결합한 수려한 문체로 유명했다.-옮긴이
32 뒤의 주석 78(본문 77쪽) 참조.-옮긴이

도시의 면모를 잘 간직하고 있고, 그때나 지금이나 여전히 교회와 나눔의 정신이 충만한 평화로운 마을이다.

> 대성당의 웅장함은
> 숲속 절벽의 고요함과 잿빛을 담고,
> 바닷물이 빠져나간 자리에 홀로 남아
> … 이제는 진득이 멀어진
> 옛 시절의 거대한 인생 파고를,
> 시끌벅적한 세상사를 꿈에서나 듣는다.

대성당이 완공되어 "성인들과 제왕들의 조각상들"이 자태를 드러낼 무렵 샤르트르는 학문 중심지로서의 위상을 잃어버렸고, 그로부터 50마일 떨어진 파리가 새로운 지적 중심지가 되었다. 이런 이유로 샤르트르의 성당 부속학교는 대학으로 발전하지 못했다.

파리는 지리상의 이점뿐만 아니라 프랑스 왕국의 새로운 수도라는 정치적 이점도 누렸다. 그러나 아벨라르[33]라는 위대한 교사의 영향력도 빼놓을 수 없다.

이 뛰어난 젊은 급진주의자는 끊임없이 질문을 던지며 권위적인 것에 도전장을 내밀었다. 이런 그를 학생들은 구름떼처럼 따라다녔다. 그가 파리에서 가르치건, 그곳에서 쫓겨나 허허벌판에서 가르치건 전혀 개의치 않았다. 파리에서 그는 대성당 부속학교보다 성 쥬느비에브 언덕의 교회와 오랜 연을 맺었다. 그러나 파리로 진출하는 것이 당시 관례였고, 그 길을 따라 그는 대학 성립에 지대한 영향을 미쳤다. 제도적인 측면에서 대학은 노트르담 부속학교에서 직접 파생된 것으로서 그곳의 학무관(chancellor)이 교구 안에서 가르치는 일을 허락하는 권한을 독점했다. 즉, 대학의 학위 수여권이 그의 수중에 있었다는 말인데, 여기서도 볼로냐와 마찬가지로 학위는 원래 교수자격증을 의미했기 때문이다. 초기에는 학교들이 시테 섬 대성당 경내에 자리하고 있었다. 빅토르 위고[34]가 묘사

---

33 Pierre Abélard, c.1079~1142. 중세의 스콜라 철학자, 교사. 신학과 논리학 분야에서 뛰어났다. 엘로이즈(Héloïse)와의 연애담도 유명하다.-옮긴이

34 Victor-Marie Hugo, 1802~1885. 프랑스의 낭만파 시인, 소설가, 극작가.-옮긴이

한 노트르담 주변의 뒤얽힌 지역으로서 이미 오래전에 허물어지고 없다. 시간이 조금 지나자 그 섬과 파리 좌안(左岸)을 연결하는 프티-퐁(Petit-Pont)에 일군의 교사와 학생들이 기거했는데, 이들을 가리켜 '다리의 철학자들(Parvipontani)'이라 불렀다. 하지만 13세기까지 그들은 다리 왼편으로 건너가 파리의 라틴구(區)에 정착하였다.

파리에서 성당 부속학교가 정확하게 언제 대학으로 발돋움했는지는 아무도 모른다. 다만 12세기가 끝나기 전이었음은 확실하다. 그러나 대학은 기념일을 지정하여 축하하기를 좋아한다. 파리 대학은 국왕이 최초로 특허장을 하사한 1200년을 선택했다. 그해, 몇몇 학생들이 시민들과 실랑이를 벌이다 살해당하는 일이 벌어지자 국왕 필리프 2세[35]는 시장(prévôt)을 벌하고 학생들과 그들 종자(從者)의 면책특권을 인정하는 칙령을 발표했다. 이로부터 오늘날에도 완전히

---

35 Philippe II Auguste, 1165~1223. 카페 왕조 출신으로 '프랑크'가 아닌 '프랑스'의 왕으로 불린 최초의 인물. 프랑스의 위대한 왕이라는 의미에서 '존엄왕(Auguste)'이라는 별칭을 얻었다.-옮긴이

사라지지 않은(물론 법률적으로는 그렇지 않더라도) 학생들의 사법적 특례가 만들어졌다. 교황[36]의 최초 칙령은 더욱 명확하다. 그것은 13세기 악마의 손이 개입한 폭력적인 다툼(한 무리의 학생들이 "술에 잔뜩 취해" 선술집 주인과 주위 사람들을 폭행하고 자신들도 시장과 도시 호위병들로부터 고초를 겪은)에서 비롯된 2년간의 휴강 사태 이후 1231년에 발표한 '학문의 어머니(Parens scientiarum)'이다. 교황은 기존의 면책특권을 공식화하면서도 학무관의 교사면허 수여권에는 규제를 가한다. 그와 동시에 교수와 학생들의 권리를 인정하는데, 그것은 "강의와 논쟁의 방식 및 시간, 복장," 교수들의 장례식 참석, 학사학위 소지자들의 강의(당연히 교수자격증 소지자들보다 활동에 제약을 받는), 하숙비, 구성원의 조건에 관한 법령과 조례 설치권이다. 학생들의 무기 휴대는 금지하고, 학교를 정기적으로 다니는 경우에만 면책특권이

---

36 Gregorio IX, 1170~1241. 교황 그레고리오 9세. 이탈리아 출신으로 파리와 볼로냐에서 공부했다. 파리에서의 학생들과 시민들 간의 대립을 해소하기 위해 대학의 '대헌장(magna carta)'으로 불리는 칙령을 반포했다.-옮긴이

유효하다. 이는 매주 강의를 적어도 두 번은 들어야 한다는 것을 말한다.

이들 자료에는 대학이라는 단어가 등장하지 않는데 군이 그럴 필요가 없기 때문이다. 교수들의 무리를 가리키는 것으로서 대학은 이미 12세기에 존재했고, 1231년이 되면 조합으로 발전했다. 파리에서는 볼로냐와 달리 대학이 교수들의 조직이었다. 자유학예, 교회법(시민법은 1219년 이후 파리에서 금지되었다), 의학, 신학의 네 개 학부(faculty)를 두었고, 각각 학장(dean)이 있었다. 자유학예의 교수단이 수적으로 가장 많았고, 이들은 출신지별로 프랑스인, 노르만인, 피카르디인, 영국인의 네 개 '동향단(同鄉團, nation)'을 형성했다. 이때 프랑스인은 라틴계를, 피카르디인은 저지대 국가들을, 영국인은 잉글랜드와 독일은 물론 북유럽과 동유럽 사람들까지 포함했다. 자유학예의 네 개 동향단이 대학(university)의 우두머리인 총장(rector)을 선출했는데, 지금도 유럽에서는 이 단어[rector]를 그대로 사용하는 편이다. 그러나 총장 임기는 짧아서 나중에는 겨우 석 달에 불과했다. 현존하는 단편적인 자료들에

대학의 탄생

따르자면, 동향단마다 새로운 회원들이나 총장으로부터 돈을 뜯어내 그 잉여 자본을 가지고 프티-퐁 근처의 주점과 생-자크 거리의 선술집 등에서 진탕 마시고 놀며 시간을 보내기 일쑤였다. 중세 파리의 선술집에 관해서는 영국인 동향단의 기록을 토대로 작성한 학술 논문이 있다. 동향단은 인위적인 조직으로서 파리에 존재했던 다양한 국적민들 사이의 불화와 경쟁을 감소시키기보다는 부추겼던 것처럼 보인다. 이와 관련된 자크 비트리[37]의 묘사는 유명하다.[38]

"그들의 언쟁과 논쟁은 다양한 종파와 몇몇 논점들에 국한되지 않았다. 출신 지역별로 불화, 증오, 적의가 난무하여 서로에게 온갖 무례를 범하고 모욕적인 언사를 서슴지 않았다. 가령 영국 사람들은 주정뱅이에다 꼬리가 달려 있고, 프랑스 사람들은 오만하고 나약하며 계집애처럼 치장한다고 놀려댔다. 독일 사람들은 술자리에서 난폭하고 외설적이며, 노르만 사

---

37 Jacques de Vitry, c.1160~1240. 프랑스의 신학자, 역사가.—옮긴이
38 D. C. Munro, *The Mediaeval Student* (Philadelphia, 1895), p. 19.

람들은 허영심이 하늘을 찌르고, 푸아투 사람들은 배신에 투기를 일삼는다고 비아냥거렸다. 부르고뉴 사람들은 천박하고 멍청하기 이를 데 없다고 깎아내렸다. 브르타뉴 사람들은 변덕스러운 족속으로 아서 왕[39]의 죽음에 책임이 있다고 몰아세웠다. 롬바르드 사람들은 탐욕적이고 악랄하며 비겁하다고, 로마 사람들은 선동적이고 요란하고 중상모략(中傷謀略)에 능하다고, 시칠리아 사람들은 압제적이고 잔인하다고, 브라반트 사람들은 살인과 방화와 도적질과 강간에 익숙한 자들이라고, 플랑드르 사람들은 변덕스럽고 헤프고 게걸스럽고 버터처럼 말랑말랑하고 나태한 사람들이라고 싸잡아 비판했다. 이런 식의 말싸움은 종종 주먹질로 번졌다."

12세기 파리에서 그 기원을 찾아볼 수 있는 또 하나의 대학 기구는 칼리지(college, 學寮)이다. 원래 외부로부터 기부를 받아 설립한 보호소 또는 기숙사에 불과했던 칼리지는 일찍부터 많은 대학에서 학문 공동체

---

39 King Arthur. 중세 무훈시와 기사문학에 자주 등장하는 영국의 전설적인 왕.-옮긴이

의 한 부분으로 자리를 잡았다. "초기 칼리지 설립자들의 목적은 오갈 데 없는 가난한 학생들의 거주 문제를 해결하는 것이었다." 그러나 시간이 지나면서 칼리지는 점차 대학 생활의 많은 부분을 흡수하며 그곳에서의 삶과 교육의 중심지가 되었다. 대학이 사람들의 무리에 불과했던 것과 달리 칼리지에는 건물과 자산이 있었다. 파리에는 1180년부터 칼리지가 세워졌고, 1500년까지 그 수는 예순여덟 개까지 늘어났다. 칼리지 시스템은 프랑스 혁명기까지 존속했지만, 오늘날에는 단지 건물의 잔해 또는 소르본 칼리지(13세기 성왕聖王 루이[40]의 고해신부[41]가 가난한 신학생들을 위해 설립한)처럼 상징적인 이름만 남아 있다. 유럽의 다른 많은 대학에도 칼리지가 있는데 그중 하나가 볼로냐의 오래된 스페인 칼리지다. 여기서는 한 무리의 스페인 젊은이들이 여전히 고요한 경내를 거니는 기쁨을 만끽한다. 물론 칼리지는 옥스퍼드와 케임브리지의 대명사

---

40 Louis IX, 1214~1270. 카페 왕조 출신. 프랑스의 왕권을 강화하고 대외 관계를 안정시켰다.-옮긴이

41 Robert de Sorbon, 1201~1274. 프랑스의 신학자.-옮긴이

그림 4 소르본 칼리지의 전경(1550).

였다. 그곳에서 칼리지는 대학 생활의 가장 주된 특징
이었다. 칼리지를 중심으로 모든 교육 및 사회 활동이
이루어졌다. 그러다 보니 대학은 단지 시험을 주관하
고 학위를 수여하는 조직에 불과했다. 배리올, 머튼,
피터하우스처럼 오래된 칼리지들은 그 설립연도를
13세기까지 거슬러 올라간다.

파리는 중세 시대에 신학교로 두각을 나타냈고, 신
학은 중세에 가장 중요한 교과였다. 파리는 "학문의 어
머니"로 불렸는데, 그만큼 대학으로서 뛰어났다는 것
을 의미한다. 옛 속담에 이르길 "이탈리아에 교황이 있
었다면, 독일에는 제국이 있었고, 프랑스에는 학문이

있었다." 그리고 그 학문의 본거지가 바로 파리였다. 자연스럽게 파리는 북유럽 대학들의 본보기가 되었다. 옥스퍼드가 12세기 말엽에 이 모체에서 떨어져 나왔지만, 정확히 언제인지는 알 수 없다. 케임브리지는 출발이 다소 늦었다. 독일의 대학들은 하나같이 14세기 이후에 창설된 것들로서 파리를 모방했다. 실제로 선제후(選帝侯) 루프레히트[42]는 1386년(시기적으로 나중에 만들어진 대학들은 설립연도를 비교적 정확히 알 수 있으므로)에 하이델베르크 대학을 세우면서 덧붙여 말하길, "이곳에서는 파리 대학에서 하는 방식을 따를 것이다. 파리의 시녀로서 그 이름에 걸맞게 가급적 모든 면에서 파리와 보조를 맞출 것이다. 학부는 네 개를 설치하고," 네 개의 동향단과 한 명의 학장, 학생들과 그들의 하인들에 대한 면책특권, 그리고 심지어 모자와 가운까지 "파리에서 하는 것처럼" 그대로 할 것이다.[43]

---

[42] Ruprecht I, 1309~1390. 라인의 궁중백작. 팔츠의 선제후. 신성 로마 제국의 황제를 선출할 수 있는 권한을 가졌다. -옮긴이

[43] E. F. Henderson (Ed.), *Select Historical Documents of the Middle Ages* (London, 1905), pp. 262~266.

그림5 중세 유럽의 대학들(12~15세기).

중세 시대가 막을 내릴 때쯤에는 최소한 80여 개의 대학이 유럽 전역에 흩어져 있었다.[44] 그들 가운데 일부는 단명했고, 오로지 지역에서만 연명한 대학들도 많았다. 살레르노와 같은 대학들은 한때 번성하다 곧 사그라졌다. 그러나 파리, 몽펠리에, 볼로냐, 파도바,

---

44 H. Rashdall, *The Universities of Europe in the Middle Ages* (Oxford, 1895), I, p. xxviii; W. R. Shepherd, *Historical Atlas* (New York, 1911), p. 100.

옥스퍼드, 케임브리지, 빈, 프라하, 라이프치히, 코임브라, 살라망카, 크라쿠프, 루뱅과 같은 대학들은 수세기에 걸쳐 명성을 이어오고 있다. 그리고 상대적으로 최근에 세워진 베를린, 스트라스부르, 에든버러, 맨체스터, 런던과 같은 유럽의 저명한 대학들도 오래된 모델에 따라 조직된 것들이다. 미국의 경우 초기 고등교육기관들은 당시 영국의 칼리지 형태(대학은 칼리지에 가려 빛을 보지 못하는)를 답습했다. 그러나 19세기 말에 이르러 유럽 대륙으로 눈을 돌리면서 미국에 세워지는 대학들은 선대의 유산을 공유하기 시작했다. 심지어 식민지 시대에도 보편적인 대학의 전통은 살아 있었는데, 한 예로 1764년 로드아일랜드 칼리지 헌장은 "미국의 칼리지들과 유럽의 대학들이 누리는 것과 똑같은 특권, 존엄, 면책"을 인정하고 있다.

중세의 유산

우리가 중세 대학들로부터 물려받은 것은 무엇인

가? 먼저, 그것이 건물이나 건축물이 아니라는 점은 분명하다. 초기에는 대학에 속한 건물 자체가 없었기 때문이다. 그때그때 사설 강당이나 인근 교회를 이용했다. 심지어 1775년이라는 먼 훗날까지 프로비던스의 침례교회에서 "예배와 졸업식을 거행"하지 않았던가![45] 옛 대학들의 유적은 그곳에서의 삶이 어떠하였는지를 말해주지 못한다. 살레르노에는 대학을 기억할만한 것이 남아 있지 않다. 오직 힐데브란트[46]가 묻혀 있는 오래된 성당만이 세대를 거듭하며 의학도들의 오고 감을 지켜보았을 터이다. "고풍스러운 파도바의 자랑"이라는 강당과 문장(紋章)은 르네상스의 산물일 뿐, 중세와는 무관하다. 높이 솟은 탑과 시원한 회랑으로 유명한 '학문의 땅 볼로냐(Bononia docta)'조차 14세기 이전에 세워진 대학 건축물은 찾아볼 수 없다. 지금 시립 박물관에 모아놓은 그곳 법학 교수

---

45 미국 브라운 대학에서의 졸업식을 말한다. 지금도 이 대학 졸업생들은 침례교회까지 거리행진을 한다.-옮긴이

46 Ildebrando da Soana, c.1025~1085. 이탈리아 출신으로 후에 교황 그레고리오 7세(Gregorio VII)가 되는 인물. 중세 교회의 개혁을 단행하고 교황권을 강화했다.-옮긴이

대학의 탄생

들의 오래된 유산들은 모두 14세기 이후의 것들이다. 몽펠리에와 오를레앙에는 이 시기의 기념물들이 전혀 없다. 과거의 이야기에 무심한 파리에서는 오늘날 대학의 발상지인 시테 섬의 대성당을 제외하고는 생 줄리앙 드 포브르의 유서 깊은 성당만이 옛 이야기를 들려주고 있는데 그곳에서는 오래전 대학 구성원들이 종종 모임을 가졌다. 케임브리지에서 가장 오래된 칼리지인 피터하우스에는 초창기 건물의 잔해만이 남아 있다. 케임브리지에서 가장 훌륭하다는 킹스 칼리지 채플은 15세기 말에 지어진 것이다. 다른 어느 곳보다도 옥스퍼드는 과거와의 유대가 매우 인상적인데, 적어도 매튜 아널드[47]의 옥스퍼드는 "너무나도 숭엄하고 아름다워서… 보고만 있어도 감정이 샘솟는다. 달빛은 경내를 그윽하게 비추고, 첨탑 꼭대기에 올라 중세의 마지막 주문을 속삭인다." 그러나 칼리지 건물들로 말할 것 같으면 정서적으로만 중세와 맞닿아 있을 뿐 실제로는 전혀 관련이 없다. 옥스퍼

---

47 Matthew Arnold, 1822~1888. 영국의 시인, 문학비평가, 옥스퍼드 대학 교수.-옮긴이

드에 칼리지 시스템을 확립한 머튼의 경우에만 일부 건물이 그 기원을 1300년까지 거슬러 올라간다. 그밖에는 어디에도 14세기 건물은 없다. 옥스퍼드의 고색창연함을 상징하는 보들리 도서관, 모들린 타워, 크라이스트 처치의 강당은 훨씬 뒤인 튜더 시대에 지어졌다. 그러므로 보통의 시대 구분에 따르자면 근대에 속한다. 참으로 '중세스럽다'는 말이 사실은 매우 '튜더스럽다'는 말이다.

그 초기 대학들과의 연속성이 학자연하는 형식과 의식에 있는 것도 아니다. 물론 그 흔적이 아직도 더러 남아 있다. 학위 수여식에서 반지를 주거나 화해의 입맞춤을 하는가 하면, 내가 포르투갈의 코임브라 대학에서 목격했던 것처럼 여전히 모래시계를 이용해 시험의 시작과 종료를 알리기도 한다. 학위복에는 어느 정도 전통이 깃들어 있는데, 그것을 옥스퍼드, 케임브리지, 코임브라에서처럼 평소에 입고 다닐 때 그러하다. 미국에서는 우리 선조들이 그러한 전통을 깨버렸다. 그리고 현재 미국에서 사용하는 모자와 가운은 중세 파리와 볼로냐가 아닌 근대 알바니의 산물이다. 심지어 원조 격인 대학들에서도 복장이 변해왔다. 래쉬돌에 따르자면, "오늘날 옥스퍼드에서 입는 가운은 중세 때와는 사뭇 다르다." 중세 파도바의 학생이 작년 여름 이 도시를 관통하는 가지각색의 학위복 행렬을 보았다면 입이 떡 벌어졌을 것이다. 로베르 드 소르본 역시 1918년 윌슨 대통령[48]이 명예학위를 받을 때 소르본의 대강당에 운집한 화려한 가운들(중세의 가운들하고는 판이하게 다른)을 보았다면 자기 눈을 몇 번이고 비벼댔을 것이다.

결국, 대학의 전통은 유구한 제도(institutions)에 있다. 우선 교수와 학생들의 학문 공동체를 가리키는 대학(university)이라는 말 자체에 있다. 이러한 조합은 중세의 특징을 반영하는 것으로서 개인적인 성향이 강한 근대 세계에서는 그 유래를 찾아볼 수 없다. 다음으로 교육과정의 개념, 즉 시간과 교과목들을 명시해 놓고 시험을 통해 학위를 수여하는 일련의 학습 과정에 있다. 그뿐만 아니라, 학사라는 예비과정을 거쳐

---

48 Thomas Woodrow Wilson, 1856~1924. 미국의 28대 대통령. 역사학에도 조예가 깊었다.-옮긴이

석사와 박사로 이어지는 학위의 위계와 다양한 학위명(자유학예, 법학, 의학, 신학)에 있다. 그밖에도 네 개 남짓 두었던 학부들, 학장이나 총장과 같은 직위들, 거기에 여전히 학료(學寮)의 역할을 수행하고 있는 칼리지에 있다. 대학 조직의 본질은 분명했고 흔들림 없이 세대를 이어져 내려왔다. 무려 700년 이상 그러했다. 과연 어떤 정치 조직이 그만한 세월을 견뎌낼 수 있었을까? 오늘날이 아무리 변화의 시대라 하더라도 대학 역사의 종착점이 될 것 같지는 않다. 대학이라는 조직은 군세고 끈덕진 구석이 있어 어디서든 쓰임새를 찾고 온갖 남용에도 의연하게 대처한다. 가령 브라이스[49]의 증언대로 교수라곤 "존슨 부인과 나"[50] 뿐인 대학이건, 아니면 중서부 지역의 "큼지막한 열한 개 대학들"이건 개의치 않는다. 대학들은 때로는 너

---

49 James Bryce, 1838~1922. 영국의 정치가, 역사가. 미국 대사를 역임했다.—옮긴이

50 브라이스가 1880년에 미국을 방문했을 때 존슨(Johnson)이라는 한 젊은 주립 대학 학장을 만나 그곳에 교수들이 몇 명이나 있냐고 물었고, 이 질문에 존슨은 아직은 "존슨 부인(Mrs. Johnson)과 나"만 있다고 답했다.—옮긴이

무 고상하게 군다고 욕을 먹고, 때로는 너무 직업교육에만 매달린다고 비판을 받는다. 그뿐인가 물렁하면 물렁하다고, 깐깐하면 깐깐하다고 아우성들이다. 그동안 입학시험을 폐지하거나 '밥벌이'와 직접 관련 없는 것들은 모조리 없애려는 과감한 개혁들이 이루어져 왔다. 그러나 여전히 대학을 대신하여 그 본연의 과업(학자들을 양성하고 학문 탐구의 전통을 유지하는)을 수행할만한 기구는 찾아내지 못했다. 래쉬돌에 따르자면, 중세 대학의 영광은 "학문에의 헌신"에 있었다. 그 광영과 비전은 아직 사라지지 않았다. 우리는 "중세 대학이 근대정신을 키워낸 학교였다"라고 말할 수 있다. 초기 대학들이 이러한 과제를 어떻게 수행했는지는 다음 강연에서 살펴볼 것이다.

제2장

중세의 교수들

———

교과와 교과서

지난번 강연에서 우리는 중세 대학을 하나의 제도로써 살펴보았다. 이제는 지적인 관점에서 검토할 차례다. 이를 위해 학습의 과정, 교수법, 교수들의 위상과 자유를 설명할 것이다. 제도와 비교하면 학습 내용은 중세와의 연속성이 다소 불투명하지만, 여전히 그 명맥은 이어지고 있으며 우리가 흔히 생각하는 것만큼 근대 세계화 동떨어진 것도 아니다.

주지하듯, 중세 초기에 교육은 7자유학예에 바탕을

두었다. 그중 문법, 수사, 논리는 3학(trivium)으로 묶였고, 나머지 네 개 교과인 산술, 기하, 천문, 음악이 4과(quadrivium)를 구성했다. 3학이 좀 더 기초적인 것이지만, 4과 역시 초보적인 수준을 넘지 못했다. 고대 학문이 쇠퇴하면서 교과목 수는 고정되었고 내용은 표준화되었다. 그러다가 5세기 초 마르티아누스 카펠라[51]의 책[52]에서 개념적인 완성을 보이며 중세에 이르렀다. 고대 말기에는 일반 사람들을 위해 지식을 축약하는 일이 벌어졌는데, 이런 현상은 작고 편리한 지식 패키지(암흑시대의 거친 파고를 헤집고 나가는데 유용한 양식으로서)를 만들어 나중 시대를 무의식적으로나마 준비했던 것일 수도 있다. 고대의 학문은 몇 권의 표준 교과서에 실려 중세로 전해졌다. 그리고 이러한 기본서의 권위는 실로 대단하여 사용 중인 도서 목록만 보아도

---

51 Martianus Capella, c.365~440. 고대 말기의 라틴어 저술가, 수사학자.-옮긴이

52 『필로로기아와 메르쿠리우스의 결혼De nuptiis philologiae et Mercurii』. 이 책에서 카펠라는 자유학예를 7개의 교과목으로 정립시켰다. 7자유학예는 필로로기아[이론적 지식]와 메르쿠리우스[실천적 지식]의 행복한 결혼 생활을 위해 아폴론(Apollon)이 선물한 7명의 하인을 가리킨다.-옮긴이

그 시대 지식의 총량과 교육 내용을 정확히 가늠할 수 있었다. 그야말로 책에 있는 지식에만 의존했고, 표준적인 권위가 맹위를 떨치던 시기였다. 그러다 보니 수업도 책에 나와 있는 것을 그대로 전달하는 수준에 머물렀다.

초기 수도원과 성당 부속학교에는 교과서가 많지 않았고 내용도 단순했다. 예를 들면 도나투스[53]와 프리스키아누스[54]의 라틴어 문법서, 몇 권의 초보적인 읽기 책, 보에티우스의 산술과 음악 및 논리학 교과서, 수사학 설명서, 기하학 입문서, 존엄자(尊嚴者) 베다[55]의 천문학 개설서 등이었다. 물론 희랍어에 관한 것은 하나도 없었다. 이러한 보잘것없는 자유학예 교육과정은 '12세기 르네상스'를 거치며 크게 확장되었

---

53 Aelius Donatus. 4세기 중반에 활동한 로마의 유명한 문법학자, 수사학 교사. 도나투스의 『문법서*Ars grammaticae*』는 중세 초기 라틴어 교육의 표준이 되었다.-옮긴이

54 Priscianus Caesariensis. 5세기 말에서 6세기 초에 콘스탄티노플에서 활동한 문법학자. 프리스키아누스의 『문법교육*Institutiones grammaticae*』은 중세의 라틴어 기본 교과서였다.-옮긴이

55 Venerable Bede, 672/673~735. 영국 노섬브리아 출신의 수도사, 신학자, 역사가.-옮긴이

　　　　　　　　　　　　　　　　　대학의 탄생

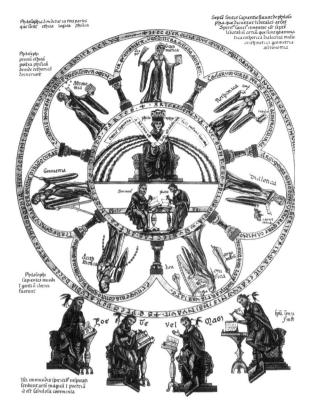

그림 6 중세 교육과정의 핵심인 7자유학예를 나타낸 도해(12세기). 철학을 중심으로 7개의 자유교과를 주변에 동심원 형태로 배치했다.

다. 이 운동은 서유럽의 지식 창고에 프톨레마이오스의 천문학, 유클리드의 기하학, 아리스토텔레스의 논리학을 새로 채워 넣었다. 이와 함께 문법 공부를 틈타 고대의 라틴어 작품들을 읽고 공부하는 일이 촉진되었다. 이 시기 고대 학문의 부활(매우 괄목할만한 것이지만 상대적으로 거의 알려진 것이 없는)은 샤르트르와 오를레앙의 성당 부속학교들을 중심으로 일어났다. 그곳에서는 참된 인문주의 정신이 살아 있어 고대의 저작들을 부지런히 연구하고 대단히 높은 수준의 라틴어 시작(詩作)이 이루어졌다. 이들 시인 가운데 한 명인 르망의 주교 힐데베르트[56]가 남긴 몇몇 작품은 나중에 인문주의자들이 "고대에 지어진 것"이라고 착각할 만큼 빼어났다. 이렇게 뛰어났음에도 불구하고, 이 시절의 고전 운동은 오래 지속되지 못했는데 당시 위세 등등했던 논리학과 실용성으로 무장한 법학과 수사학이 그 싹을 미리 잘라버렸기 때문이다. 12세기 말에는 존 솔즈베리가 그 시대 논리학자들의 피상적인

---

56 Hildebert de Lavardin, c.1055~1133. 프랑스의 성직자, 교회법 학자, 신학자. -옮긴이

대학의 탄생

문학 지식을 통렬히 비판했다. 13세기에 이르면, 대학 교육과정에서 문학 연구가 아예 종적을 감췄다. 그리하여 1250년경 프랑스의 시인 앙리 당들리[57]가 그의 「7자유학예의 싸움(La bataille des sept arts)」을 지었을 때 고전은 이미 고대인들의 품으로 회귀한지라 근대인들과의 싸움은 부질없었다.

> 논리학에는 학생들이 몰리지만,
> 문법을 배우려는 자는 줄어만 가네.
> · · · · · · · · ·
> 시민법은 화사한 옷차림으로
> 교회법은 거만한 풍채로
> 다른 모든 학예 앞을 활보한다네.

대학의 자유학예 교육과정에서 고전과 모국어 문학의 부재만큼이나 논리학과 변증법에 대한 편애는 놀라운 일이다. 1215년 파리에서 최초로 만들어진 대

---

57 Henri d'Andeli. 13세기 프랑스 노르만 출신의 시인. 풍자시를 여러 편 남겼다.-옮긴이

학 학칙에는 아리스토텔레스의 논리학 저서들을 모두 공부해야 한다는 규정이 있다. 이로부터 그것들은 중세 시대 전반에 걸쳐 자유학예 교육과정의 바탕을 이루었다. 초서가 논리학 공부를 대학에 적을 두는 것과 동일하게 묘사했던 까닭이다.

그래서 논리학을 배우겠다고 먼 길을 가노라.

어찌 보면 이 말은 지극히 옳다. 왜냐하면 논리학은 그 자체로도 중요한 과목이었지만, 방법적인 측면에서 다른 모든 공부에 스며들어 사람들의 마음에 중세다운 어조와 성격을 불어넣기 때문이다. 삼단논법, 논쟁, 특정 주제에 대한 질서정연한 찬반 주장 등은 철학과 신학은 말할 것도 없고 법학과 의학에서도 시대를 대변하는 지적인 습관이 되었다. 논리학은 당연히 아리스토텔레스의 것이었고, 이 철학자의 다른 저작들도 곧 뒤를 이었다. 그리하여 1254년 파리 대학의 교육과정에서는 『윤리학*Ethica Nicomachea*』과 『형이상학*Metaphysica*』은 물론 그 밖의 다른 여러 자연사 관련 저작들(처음에는 학생들의 금서목록에 올랐던)도 눈에 띈다. 단테[58]에 따르자면, 아리스토텔레스는 그의 다방면에 걸친 학식만큼이나 보편적인 방법을 통해 "지인(知人)의 스승"이 되었다. 아리스토텔레스는 "책에 의한 지식의 대부이자 주석자의 원조"로서 중세인들이 숭배하는 권위 있는 교과서의 저자일 뿐만 아니라 중세의 형식적 사고방식에도 들어맞는 인물이었다. 그는 신앙에 위험한 것처럼 보였던 질료의 영원성 같은 교리를 잘 설명해 치워버렸다. 그뿐인가, 이 이교도 철학자의 방법을 통해 신학의 권위적인 체계도 기틀을 마련하였다. 이렇게 모든 것이 논리적인 형식으로 귀결되자 문학적인 형식은 설 자리를 잃었다.

고전 공부가 문법 규칙들을 설명하기 위한 예시문이나 발췌문을 제시하는 수준에 불과할 때, 수사학은 실생활에 쓸모가 있어서 사뭇 다른 운명에 처해졌다. 중세의 지적인 삶은 자생적으로 널리 퍼진 문학적 표현력을 특징으로 하지 않았다. 글을 쓸 줄 아는 사람

---

58 Durante degli Alighieri, 1265~1321. 두란테의 약칭인 단테(Dante)로 유명한 이탈리아의 시인.-옮긴이

도 별로 없었거니와 편지를 혼자 작성할 수 있는 사람은 더더욱 찾기 힘들었다. 중세에는 전문적인 서기와 공증인이 사람들의 편지 쓰는 일을 대행하는 경우가 보통이었다. 이들은 수사학의 틀에 박힌 형식을 가져다 진부하기 이를 데 없는 편지를 썼다. 학교와 관청에서는 편지와 공문서를 작성하는 요령을 알려주었고, 수많은 교수가 이곳저곳을 옮겨 다니며 자신들의 유용한 기술(어느 수사학자의 말대로 "성직자들에게는 필수불가결하고, 수도사들에게는 합당하고, 평신도들에게는 명예로운")을 가르쳤다. 13세기까지 그런 교사들은 대학에서 자리를 잡았다. 특히 이탈리아와 남프랑스에서 그러했다. 그들이 자신들의 상품을 광고하는 방식은 현대 비즈니스 수업에 견주어도 손색이 없었다. 짧고 실용적인, 시대에 뒤떨어진 고대 작가들을 대신하여 항상 새롭고 분명하고 최신식으로, 만일 필요하면 그날 배울 것을 그날 써먹을 수 있단다! 따라서 볼로냐의 한 교수는 키케로[59] 따위는 비웃으며 그의 학생들에게 당시

---

59 Marcus Tullius Cicero, 106BC.~43AD. 고대 로마의 정치가, 철학자. 로마를 대표하는 문장가.-옮긴이

그림 7 지식의 전당으로 들어가는 지혜의 여신(1508). 7자유학예를 거쳐 학문의 탑 제일 위에 신학이 자리하고 있다. 중세 시대 지식의 위계를 보여준다.

공증인과 서기에게 필요한 각종 편지와 공문서 작성 방법을 가르쳐주겠노라 공언한다. 우리가 다음번 강의에서 살펴보겠지만, 그러한 교사들은 특히 학생들에게 어떤 식으로 편지를 써야만 부모님의 지갑을 열 수 있는지 알려주는 데 일가견이 있었다. 그들이 학생들에게 얼마나 인기가 있었는지를 가늠할 수 있는 대목이다. 어느 교사가 "오늘 우리의 주제는 파리에 사는 가난하지만 근면한 학생이 그의 어머니에게 필요한 돈을 부쳐달라고 편지를 쓰는 것이다"고 운을 떼면, 이런 말을 듣고 지금 "진짜 중요한 것"을 배우고 있다고 생각하지 않을 학생들이 몇이나 되겠는가? 수사학 교수는 대학의 설립 초안을 만들 때도 여러모로 쓸모가 있었다. 가령 1229년에 신설된 툴루즈 대학의 교수들은 회람을 제작하여 그곳이 파리보다 우월하다는 점을 다소 과장 어린 어조로 말한다. 신학자들은 연단에서 가르치고 길모퉁이에서 설교한다. 법학자들은 유스티니아누스 법전에 주석을 달고, 의학자들은 갈레노스[60]의 저서를 읽는다. 문법과 논리학을 가르치는 교수들이 상주하고, 음악 수업에서는 오르간

대학의 탄생

을 연주한다. 파리에서는 금지된 자연철학에 관한 강의가 열린다. 물가는 싸고, 시민들은 우호적이다. 이단의 가시는 근절되어 다시 우유와 꿀이 흐르는 땅이 되었다. 포도밭에는 바쿠스[61]가 군림하고, 나이 지긋한 철학자들이 좋아하는 온화한 날씨에, 들판에서는 케레스[62]가 노닐고, 교수와 학생들은 전대사(全大赦)[63]를 받는다. 과연 누가 이런 남쪽 대학의 유혹을 뿌리칠 수 있겠는가?

문법과 수사학이 종속적인 지위로 떨어지고 4과에 대한 학습이 수박 겉핥기식으로 이루어지면서 자유학예 교육과정은 논리학과 철학을 중심으로 돌아갔고, 거기에 아리스토텔레스의 자연철학(이 방면의 저작들을 중심으로)이 추가되었다. 실험실 같은 것은 중세가

---

60 Claudios Galenos, 129~c.210. 로마 제국 시대의 그리스 출신 의학자, 철학자.-옮긴이

61 Bacchus. 로마 신화에 등장하는 주신(酒神). 그리스 신화의 디오니소스(Dionysos)에 대응한다.-옮긴이

62 Ceres. 로마 신화에 등장하는 곡물의 여신. 대지의 풍요를 상징한다.-옮긴이

63 가톨릭 교회에서 교황이나 주교가 일정한 규례에 따라 죄벌을 모두 사면하는 일.-옮긴이

끝나고도 한참 뒤에나 만들어졌고, 역사와 사회과학은 훨씬 나중까지도 대학에 발을 들이지 못했다. 손때 묻은 독본 몇 권을 들고 글자 하나하나까지 부지런히 익히는 것이 흔한 장면이었다. 자유학예 과정은 보통 6년이 지나야 석사학위를 받는데, 그 중간에 바칼로레아(baccalaureate)라는 학사 자격을 취득해야만 했다.[64] 자유학예는 전문적인 공부를 준비하는 예과로서 그 과정을 졸업해야만 신학은 물론 법학과 의학과 같은 고등 학부에 진학할 수 있었다. 이런 좋은 전통을 현대 미국 대학들은 너무 경시하고 있는 것이 아닐까!

일반적으로 생각하는 것과 달리 중세 대학에서 신학을 공부하는 학생들은 그 수가 얼마 되지 않았다. 왜냐하면 반종교개혁 전까지는 성직자 양성을 목표로 하는 정규 신학 과정이 존재하지 않았기 때문이

---

64 대학에서 3학을 공부하는 도제 기간이 끝났음을 의미한다. 프랑스에서는 이런 젊은이를 가르송(Garçon) 또는 바칼라리우스(baccalarius)로 불렀다. 학사학위 소지자는 마스터 직을 준비하는 동시에 학부의 자유학예 견습생들을 가르쳤다.-옮긴이

다. 게다가 입학 기준이 까다로웠고, 신학을 공부하는 과정 자체가 길었으며, 책값도 만만치 않았다. 물론 책이라고 해야 『성서Biblia』와 피에르 롱바르[65]의 『명제집De Libres Sententiarum』[66]이 전부였지만, 중세 시대에 『성서』는 용어집과 주석집을 포함해 여러 권으로 이루어져 있었고, 이들을 하나같이 손으로 필사하는 것은 대단히 지루하고 돈도 많이 드는 일이었다. 실제로 오를레앙의 어느 야심만만한 학생이 신학 공부를 시작하려고 아버지께 『성서』를 구매할 돈을 부쳐달라고 하자, 아버지는 그냥 돈벌이 좋은 공부나 하라고 진중히 타일렀다. 파리의 학무관들이 불평하듯, 학생들은 젊음의 푸릇함이 모두 사라진 뒤에야 겨우 신학의 문턱에 당도했던 셈이다.

의학 또한 책을 통해 공부하기는 마찬가지였다. 주로 갈레노스와 히포크라테스의 저작들을 아랍의 번역가들과 주석가들의 도움을 받으며 공부했다. 그중

---

65 Pierre Lombard, c.1096~1160. 스콜라 신학자, 파리의 주교.-옮긴이
66 롱바르의 『명제집』은 중세 기독교 신학의 표준서였다. -옮긴이

아비켄나[67]가 13세기 이후로는 독보적이었다. 그의 위상은 아직도 동양에서 그대로인데, 심지어 1887년에도 페르시아 지방의 의사들 상당수가 "아비켄나의 의학만을 알고 있다"고 말할 정도다.[68] 볼로냐와 몽펠리에와 같은 남쪽 학교들이 일궈 낸 해부학과 외과술에서의 몇몇 진척을 제외하고 중세 대학은 의학 지식에 그다지 공헌한 바가 없다. 의학만큼 중세에 성행하던 언어적이고 논쟁적인 방법과 괴리가 깊은 교과도 없었기 때문이다.

법학의 경우 중세 유럽의 관습법은 대학의 교육과정에 들어오지 못했고, 당연히 모든 수업은 유스티니아누스의 『로마법대전』에 토대를 두었다. 기본 교과서는 「학설휘찬」이었다. 이 책에는 로마의 법률적 자산이 총망라되어 있다. 따라서 「학설휘찬」의 내용을 꿰고 있다는 것이 중세 시민들 사이에서는 권위의 상징이었다. 이들은 『로마법대전』의 모든 구절을 꼼꼼

---

67 Avicenna, 980~1037. 이슬람의 의학자, 철학자. 중세 최고의 의학자로 손꼽힌다. 아비켄나는 이븐 시나(Ibn Sina)의 라틴명.-옮긴이

68 E. G. Browne, *Arabian Medicine* (Cambridge, 1921), p. 93.

히 풀이하면서 전문 학자들 못지않은 세련되고 정교한 법률적 사고를 뽐냈다. 어쨌든 "법학 역시 스콜라 철학의 한 형태"이지만, 근대에 이르러 스콜라적인 방법이 철학적 권위를 잃어버린 것과 대조적으로 중세 주석가들의 법률적 입지는 여전히 탄탄하다. 래쉬돌[69]에 따르자면, "여러 방면에서 볼로냐 대학의 법학 지식은 중세 유럽 최고의 지적인 성취로 여겨진다. 중세인들이 주변에 존재하는 법체계의 연구와 발달에 마음이 기우는 것은 어찌 보면 자연스러운 현상이었다. 그들이 과거와 주변 세상을 잘 모르고 있었다고 해서 자신들의 하루하루 생활과 관련된 학문 분야에서 발군의 솜씨를 발휘하지 못할 이유는 없었다. 법학자들은 유스티니아누스의 권위를 따랐는데, 이는 신학자들이 교회법과 교부철학자들의 저술을, 또 철학자들이 아리스토텔레스를 따랐던 것과 다르지 않았다. 더군다나 그들에게는 로마법을 원어(原語)로 접한다는 장점이 있어서 그것을 이해하고, 해석하

---

[69] Rashdall, *Universities*, I, pp. 254~255.

고, 전개하고, 응용할 수 있었다. 이들이 남긴 저작은 우리 시대 각기 다른 전공의 교수들이 단순히 역사적 호기심이나 시사적 가치 때문이 아니라 현대 학생들을 괴롭히는 의혹, 난점, 문제를 해결하기 위해 진중히 들여다보는 중세의 유일한 학문적 자산이다."

교회법은 시민법과 밀접하게 관련되었고, 실제로 여러 가지 이유에서 이 두 교과를 함께 공부하여 양법박사(兩法博士, Doctor utriusque juris)(우리가 흔히 J.U.D. 또는 L.L.D.로 부르는 것)로 졸업하는 것이 바람직했다. 신학자들은 교회법을 "돈벌이(lucrative)"교과로 평가절하했는데, 그것이 학생들의 순수한 배움을 통한 종교적 영진(榮進)을 가로막았기 때문이다. 13세기에 이르러 중세 교회는 하나의 거대한 관료 조직으로 변모했고, 그것의 운영을 위해 법률가들이 필요했다. 그러다 보니 잘 훈련받은 교회법 전문가에게는 최고의 지위에 오를 기회가 열렸다.[70] 당연히 너나 할 것 없이 모두

---

[70] 그렇게 그라티아누스처럼
공부에 몰두한다면 수석 사제도,
대수원장도 따논 당상이라네.

교회법을 공부하러 몰려들었다. 그중에는 마음에 원대한 꿈을 품은 사람도, 부유한 집안 출신도, 물론 유유자적하는 한량도 끼어있었는데 파리에서는 게으른 학생들이 새벽 여섯 시에 시작하는 다른 강의들보다 오전 느지막이 열리는 교회법 강의를 선호했기 때문이다. 교회법의 기본 교과서는 그라티아누스의 『교령집』이었다. 여기에 그 이후 발행된 교황들의 교서들이 추가되었는데, 특히 그레고리오 9세가 1234년에 유럽의 주요 대학들에 배포한 교령모음집이 대표적이다. 이들 교재를 공부하는 방법은 시민법과 다르지 않아서 중세 후기 교회법 문헌과 주석은 급속도로 늘어났지만, 그로 말미암아 단테의 말처럼 "복음과 위대한 교사들은 기억에서 차츰 멀어졌다."

지금까지 설명한 제(諸)교과의 교과서들을 충분하고 정확하고 값싸게 공급하는 일은 대학이 떠맡았다. 서적 거래와 관련된 규정들은 대학의 가장 오래되고 중요한 특권들 가운데 하나였다. 책값은 비쌌기 때문에 구매하기보다는 한 첩(牒)씩 가격을 정하여 대여하는 경우가 많았다. 책 판매에는 제약이 많이 따랐는

그림 8 중세의 학생 교과서(14세기경). 주요 철학자들의 논고를 한 권에 집약해 놓았다.

데 독점을 억제하고 안정적인 공급망을 구축하기 위해서였다. 가장 초기의 파리 요금표(1286년경)에는 백서른여덟 종의 도서가 등장한다. 시간이 지남에 따라 책을 소유한 학생들의 수도 늘어났다.『성서』와「학설휘찬」의 전부 또는 일부를, 심지어는 초서의 옥스퍼드 학승처럼 "검은색이나 빨간색으로 제본한 스무 권의 책"을 소지한 예도 있었다. 시중에 유통되는 서적의 양은 결코 적지 않았다. 볼로냐의 교실 속 학생들은 모두 자기 앞에 책을 가지고 있다.[71] 책마다 일일이 손으로 베껴 써야 했기 때문에 무엇보다도 정확하게 옮겨 적는 일이 중요했다. 대학에서는 서적 감독관이나 검열관을 두어 주기적으로 도시에서 판매되는 모든 책을 점검하였다. 더욱이 볼로냐에서는 모든 교수가 그의 강의와 토론 원고를 서적·출판상에 넘겨주어야 한다는 규정이 있어서 끊임없이 새로운 책들이 만들어지고 유통되었다. 법학과 신학 분야의 중요한 책들은 당연히 대학 강의의 산물이었다. 책의

---

71 뒤의 그림10(본문 84쪽) 참조.-옮긴이

수요와 공급이 주로 대학을 중심으로 이루어졌기 때문에 그곳은 자연스레 서적 거래와 도서 출판의 거점이 되었다. 학생들이 주변에서 값싸게 자기들이 원하는 책을 빌릴 수 있다면, 우리의 생각과 달리 도서관은 애당초 필요하지 않았을 것이다. 그리고 대학에 오랫동안 도서관 같은 시설이 존재하지 않았던 이유도 쉽게 이해할 수 있다. 그러나 시간이 지나면서 학생들에게 필요한 책들이 칼리지에 기증되었고, 그곳에서 그들은 책을 손쉽게 빌리거나 찾아볼 수 있었다. 1338년경 소르본(파리 도서관의 대표 격인)의 가장 오래된 장서 목록에는 1722권의 도서가 등록되어 있었는데, 그것 중 상당수는 현재 파리 국립도서관으로 옮겨졌다. 한편 옥스퍼드의 많은 칼리지들은 아직도 중세 때 그대로 옛 장서들을 보관하고 있다.

수업과 시험

이쯤에서 책에 관한 이야기는 그만하고 교수들에

대해 말해보자. 중세 시대는 탁월하고 유명한 교사들을 많이 배출했다. 학습 방법은 여전히 상대적으로 단순했고, 학습 내용도 아직 그렇게 많지 않았다. 교과서 중심의 학습에도 불구하고 교사의 개인적인 특성이 영향을 미칠 여지가 충분했다. 따라서 대학이 등장하기 오래전부터 샤를마뉴의 궁정과 투르의 수도원에서는 알쿠인[72]이 교육의 부흥을 이끌었고, 이로부터 두 세기 뒤에는 제르베르 랭스[73]가 수사학 공부에서 빼어난 고전 실력을 뽐내며 동시대인들의 감탄을 자아냈다. 그의 천문학 교수법은 또한 "천상"의 방법으로 불릴 만큼 기발했다.[74] 대학 성립기에는 아벨라르라는 걸출한 교사가 있었다. 그는 "무뚝뚝한 사람조차 너털웃음을 짓게 하는" 대범함, 독창성, 명석함, 날카로운 논박, 생생한 자극으로 무장된 "교실의 만능재

---

72 Alcuin of York, 735~804. 영국 노섬브리아 요크 출신의 학자, 교사. 대륙의 샤를마뉴 궁정에서 학교를 열었다.-옮긴이

73 Gerbert d'Aurillac, c.946~1003. 프랑스의 성직자로 나중에 교황 실베스테르 2세(Sylvester II)가 되는 인물. 랭스의 성당 부속학교에서 교사로 활동했다.-옮긴이

74 H. O. Taylor, *The Mediaeval Mind* (New York, 1919), I, pp. 289~293.

주꾼"이었다. 그의 '예-아니오(Sic et non)' 방법은 특정 명제에 대한 찬반 논쟁의 모범을 이루었다. 이 방법은 그라티아누스가 곧바로 그의 『교령집』에서 모방했고, 아리스토텔레스의 『신논리학*Logica Nova*』[75]을 통해 강화되었으며, 성 토마스 아퀴나스[76]의 스콜라 철학에서 정점을 찍었다. 이후에도 여러 세대 동안 사람들의 사고에 흔적을 남겼다. 아벨라르와 그의 제자들은 이 방법을 동원해 학생들의 기지를 날카롭게 만들 수 있었지만, 찬성 아니면 반대라는 이분법적 구도는 중도적인 입장을 용인하지 않아, 르낭[77]의 지적대로 진리의 대부분이 존재하는 사고의 뉘앙스를 놓치고 말았다.

존 솔즈베리는 1136년부터 1147년까지 프랑스의 파리와 샤르트르에서 방랑시대(Wanderjahre)를 보내면서 12세기 교사들에 대한 동시대인의 생생한 인상을

---

[75] 12세기 이후 새롭게 라틴어로 번역된 아리스토텔레스의 논리학 저작들을 가리킨다. 그 이전에 서유럽에 알려진 논리학 논고들에는 '구논리학(Logica Vetus)'이라는 이름이 붙었다.—옮긴이

[76] Thomas Aquinas, c.1224~1274. 중세 스콜라 철학을 완성한 이탈리아의 신학자.—옮긴이

[77] Joseph Ernest Renan, 1823~1892. 프랑스의 역사학자. 동방 언어에 조예가 깊었던 오리엔탈리스트.—옮긴이

기록(오늘날까지 인구에 회자되는)으로 남겼다.[78] 그는 아벨라르에게 변증법의 기초를 배운 뒤에 다른 두 명의 교사 밑에서 이 과목을 계속 공부했다. 그중 한 명이 너무 좀스럽고 분명하고 짧고 간결한 사람이었다면, 다른 한 명은 미묘하고 푸닥진 것이 도통 간단명료함이란 찾아볼 수 없는 위인이었다. "훗날 그들 가운데 하나가 볼로냐에 가서 그가 가르쳤던 것을 다시 배웠고 돌아올 때는 사뭇 달라졌다." 이어 존은 샤르트르로 가서 기욤 콩슈[79]와 베르나르에게 문법을 배웠다. 이곳에서의 인간미 넘치면서도 철두철미한 문학 공부는 그의 마음을 사로잡기에 충분했다. 베르나르를 가리켜 "근대 갈리아 지방에서 가장 풍요로운 학문의 원천"이라 부르는 이유는 그의 지도하에 주도면밀한

---

78 R. L. Poole, *Illustrations of the History of Mediaeval Thought and Learning* (London, 1920), pp. 203~212; A. O. Norton, *Readings in the History of Education: Mediaeval Universities* (Cambridge, Mass., 1909), pp. 28~34; Poole, The Masters of the Schools at Paris and Chartres in John of Salisbury's Time, *English Historical Review*, XXXV, 1920, pp. 321~342.

79 Guillaume de Conches, c.1080~c.1154. 프랑스 콩슈 출신의 스콜라 철학자. 베르나르의 제자로서 샤르트르와 파리에서 가르쳤다.-옮긴이

연구, 발췌문의 암기, 작문을 통한 문법 공부, 최고에 대한 모방, 거침없는 인용 등이 성행했기 때문이다. 12년 동안의 학문적 편력을 마치고 파리로 돌아온 존은 "예전 모습 그대로 과거에 머물러 있는" 친구들을 만났다. "그들은 해묵은 문제들을 해결하지도, 그렇다고 새로운 명제를 제기하지도 못했다. 오래전 목적들이 여전히 그들의 사고를 지배했다. 단 하나 변한 것이라면, 온화한 마음가짐마저 잃어버렸다는 것이다. 그들은 자제할 줄 몰랐다. 다시 회복될 기미는 보이지 않았다. 그러므로 내가 경험을 통해 도달한 결론은 변증법이 다른 공부들에 도움을 주기는 하지만, 그것 자체로는 핏기가 없는 척박한 교과라는 것이다. 또, 그것만으로는 우리의 영혼이 철학의 열매를 수확하는 데 역부족이어서 그만큼의 양분을 다른 곳으로부터 보충할 필요가 있다는 것이다."

13세기의 교사들 가운데 문법과 수사학의 교수들 (볼로냐의 본콤파니[80], 파리의 존 갈랑드[81], 오를레앙의 퐁스 프로방

---

[80] Boncompagno da Signa, c.1165/1175~1240. 이탈리아의 문법학자, 역사가, 철학자. 볼로냐와 파도바에서 수사학을 가르쳤다.─옮긴이

대학의 탄생

스[82], 나폴리의 로렌조 아퀼레이아[83])은 그들 자신에 대해 떠벌리기를 좋아했는데, 우리는 조금 다른 각도에서 그들의 과장된 이야기들을 해석하려 한다. 가장 중요한 것은 오도프레두스[84]의 서술이다. 그는 볼로냐에서 「구학설휘찬(Digestum vetus)」[85]을 강의하는 방법에 대해 말해준다.

"교수법에 관해 말하자면, 옛날이나 지금이나 교사들은 다음의 순서를 따랐다. 당연히 내가 눈여겨보았던 우리 선생님의 방법도 그러했다. 첫 번째로, 본문을 펼치기 전에 책마다 표제별로 작성한 요약문을 먼저 나누어준다. 두 번째로, 각 법률[표제에 쓰여 있는]의 취지를 가급적 확실하고 분명하게 설명한다. 세 번째

---

81 John of Garland, c.1195~c.1272. 영국 출신의 중세 문헌학자, 시인. 파리에서 가르쳤다.-옮긴이

82 Ponce de Provence. 13세기 프랑스의 수사학 교사. 툴루즈, 몽펠리에, 오를레앙 등지를 떠돌며 가르쳤다.-옮긴이

83 Lorenzo di Aquileia. 13세기 이탈리아의 수사학 교사. 서간작성법 (ars dictaminis)에 관한 논고로 유명하다.-옮긴이

84 Odofredus. 13세기 이탈리아의 법학자. 볼로냐에서 공부했고 법학 교수를 지냈다. 로마법 주석이 유명하다.-옮긴이

85 「학설휘찬」을 구성하는 세 부분은 '구학설휘찬(Digestum vetus)', '확장편(Infortiatum)', '신학설휘찬(Digestum novum)'이다.-옮긴이

로, 본문을 읽고 잘못된 것을 고친다. 네 번째로, 법의 내용을 간단히 반복한다. 다섯 번째로, 서로 모순되는 점을 해결하고, '브로카르디카(Brocardica)'[86]로 명명되는 일반적인 법령들[문장에 내재하는]과 그로부터 발생하는 법률적인 차이나 예민하고 쓸모 있는 문제들(교령문답)을 그 풀이와 함께 제시한다. 그리고 반복해서 가르칠 만큼 유명하거나 난해한 법률 조항이 있다면 그것을 저녁에 다시 복습한다. 해마다 적어도 두 차례 공개 토론을 벌인다. 한 번은 성탄절 이전에, 다른 한 번은 부활절 이전에 시행한다."

"미카엘 축일이 지나고 첫 일요일[10월 6일] 또는 그 때쯤에 「구학설휘찬」에 대한 강의를 시작하여 8월 중순에 그것을 보통법에서 특례법까지 완전히 끝낸다. 「칙법휘찬(Codex)」은 미카엘 축일로부터 2주 후에 시작하여 8월 첫날에 그것을 보통법에서 특례법까지 완

---

86 볼로냐의 법학 교수들이 법리적인 논쟁을 위해 모아놓은 법언집. 브로카르디카는 보름스의 주교 부르카르트(Burchard)의 라틴식 이름의 변형. 부르카르트는 고대의 다양한 법률 자료들을 모아 교회법의 근간이 되는 『교령집Decretum』을 편찬했는데 이 작업은 훗날 그라티아누스에 의해 계승되었다.-옮긴이

대학의 탄생

그림 9 볼로냐에서 법학 강의를 듣고 있는 학생들. 14세기 볼로냐의 법학자 지오반니 레냐노(Giovanni Legnano)의 무덤에서 출토된 잔해.

전히 끝낸다. 과거에 교사들은 특례 부분을 강의하지 않았다. 하지만 내 강의에서는 일찍이 이곳에서 그러했던 것처럼 기본 교과서를 처음부터 끝까지 하나도 빠짐없이 읽어 내려간다. 이런 까닭에 모든 학생이(지식이 부족한 경우와 신입생들까지) 이익을 얻는다. 지식이 적은 학생은 사례 진술과 본문 해설로부터 도움을 받고, 지식이 많은 학생은 문답의 세부 요소들과 반대

의견들에 점차 능숙해진다. 나는 주석도 모두 읽어내려가지만, 예전에는 그렇게 하지 않았다." 이어 교사 선정과 공부법에 관한 몇 가지 조언과 함께 「학설휘찬」에 대한 종합적인 설명이 뒤따른다.

수업을 마칠 때는 이렇게 말했다. "제군들이여, 내 수업을 들은 학생들은 모두 알겠지만 우리는 이 책을 처음부터 끝까지 완독했다. 신의 가호가 있어 가능한 일이었다. 한 권의 책을 끝마치면 성령께 미사를 올리는 것이 이 도시의 오랜 관습이다. 이러한 전통은 훌륭한 것이어서 계속 지켜나가야 한다. 그밖에도 교사가 책 한 권을 모두 강독한 뒤에 다음 학년의 계획을 말하는 것이 관례처럼 굳어져 나는 짧게나마 몇 마디 하려 한다. 내년에도 나는 평소처럼 정해진 학과 강의들을 충실히 개설할 것이다. 그러나 정규 과정 이외의 강의들은 추가로 개설하지 않을 것이다. 학생들이 수업료를 잘 내지 않기 때문이다. 배우는 것만 좋아하지 돈은 제때 내지 않는다. 속담에도 나와 있듯이, 모두들 지식은 얻고 싶어도 지갑은 열기 싫은 것이다. 자리를 파하기 전에 제군들께 신의 축복을 전하며 모두 미사에 참석하길 바란다."[87]

책이 귀하고 실험실이 없던 시절에는 정규 강의가 중요했지만, 그렇다고 그것이 수업의 유일한 형태는 아니었다. 대학에서의 교육을 종합적으로 이해하기 위해서는 학사학위 소지자들이 주로 개설했던 '어설픈' 과외(課外) 강의들과 저녁에 칼리지에 모여 배운 것을 검토하고 복습하는 활동, 그리고 졸업 논문의 공개 변론을 미리 준비하는 토론도 함께 들여다보아야 한다.

이런 강의들이 열렸던 교실들은 이미 사라진 지 오래되었다. 교수의 집이 협소하여 강의를 할 수 없다면, 인근의 적당한 강당을 빌렸다. 파리에서 그러한 강당들은 좌안(左岸)의 한 동네, 즉 단테가 칭송하던 스트라미네우스(Stramineus) 구역 또는 푸아르(Fouarre) 거리에 주로 몰려 있었는데, 학생들이 땅바닥에 짚을 깔고 앉아서 강의를 들었기 때문에 그러한 이름이 붙

---

87 Paris, Bibliothèque Nationale, MS. Lat. 4489, f. 102; F. K. Savigny, *Geschichte der römischen Rechts im Mittelalter* (Heidelberg, 1834), III, pp. 264, 541, 553; cf. Rashdall, *Universities*, I, p. 219.

그림 10 볼로냐의 교실 풍경. 14세기 이탈리아의 화가 라우렌티우스 볼톨리나(Laurentius Voltolina)의 작품.

었다.[88] 볼로냐에서는 좀 더 그럴듯한 교실 풍경을 원했다. 이곳에서 본콤파니는 1235년에 이상적인 강의실 모습(조용하고, 청결하고, 창문 밖의 조망이 훌륭하고, 벽은 녹색으로 칠하되 주의를 해치는 그림이나 장식은 삼가고, 교수는 한 단 높은 곳에 자리해 모두를 내려다볼 수 있고, 학생들은 출신지별로 각자의 사회적 지위와 명성에 따라 정해진 자리에 앉는)을 묘사한 다

---

88 '스트라미네우스'와 '푸아르'는 짚을 의미하는 라틴어와 프랑스어.-옮긴이

음, 이렇게 일갈한다. "내가 그런 집에서 살아보지 못한 것은 물론이고 하늘 아래 이런 집이 있는지도 모르겠다." 볼로냐의 교실이 실제로 어떤 모습이었는지는 14~15세기 교수들의 모습이 담긴 사료들로부터 대략 유추할 수 있다. 일반적으로 교사의 책상은 높고 지붕이 있는 교단 위에 자리했으며, 학생들의 평평하거나 경사진 책상에는 책들이 펼쳐져 있다. 법학 교수들처럼 의학 교수들 앞에도 책이 놓여 있다.

최종 시험이 어떠하였는지는 파리의 사례를 통해 가장 잘 설명할 수 있다. 소르본 칼리지의 설립자이자 신실한 도덕주의자인 로베르 드 소르본은 그의 『콘스키엔시스De Conscientiat』[89]에서 최종 시험을 최후의 심판에 견주어 말한다. 로베르는 욥[90]의 항변("나의 적에게 고발장을 쓰게 하라"[91])을 텍스트 삼아 그 시대에 적합한 방식대로 이야기를 구성한 다음, 이렇게 논의를

---

89 라틴어로 양심을 뜻한다. 여기서는 도덕적 의식, 또는 그것을 현실 안에서 적용하는 종합적 판단 능력을 의미한다.-옮긴이
90 Job. 시련과 인내의 대명사.-옮긴이
91 「욥기」31:35.-옮긴이

시작한다. 파리에서 교사면허(licentia legendi)를 받으려고 시험에 응시하는 사람이 있다면(비록 많은 위인이 시험을 면제받는 특혜를 누리지만), 그는 학무관이나 다른 공신력 있는 사람에게서 어떤 책으로 시험을 보는지 무척 듣고 싶을 것이다. 시험을 치르는 책이 무엇인지 알았는데도 그 책을 등한시하고 다른 책들이나 들춰보는 사람은 정상이 아니다. 그런데 이보다 정신 나간 사람은 최후의 날 우리 모두가 시험을 치르는 그 자신의 '도덕적 의식'이라는 책을 공부하지 않는 자이다. 학무관이 불합격을 통보한 경우에는 1년 뒤에 다시 시험을 볼 수 있었다. 낙방생의 지인들이 중재에 나서거나, 학무관의 친인척이나 다른 시험 감독관에 대한 물적·인적 공세를 통해 최종 결정을 번복할 여지도 있었다. 하지만 최후의 심판은 말 그대로 최종적인 선고였다. 부유한 사람도, 영향력 있는 사람도, 교회 안팎의 영민한 사람도, 출중한 논객도 어찌해볼 도리가 없었다. 그뿐인가, 파리의 학무관 앞에서 낙방한들 그런 사실을 아는 사람은 주변에 대여섯 명이 전부고, 시험에 떨어졌다는 굴욕감도 시간이 지나면

얇어진다. 이에 반하여 신이라는 대(大)학무관은 지상의 '모든 대학' 앞에서 죄인을 논박한다. 또, 학무관은 지원자를 매질하지 않지만, 최후의 날 죄인은 요세팟(Jehosaphat) 계곡[92]에서 지옥의 길을 걸으며 철퇴를 맞는다. 이때 우리는 문법학교의 나태한 학생들처럼 꾀병을 부리고 무단으로 결석하여 토요일[심판의 날]의 처벌을 피해갈 수 없다. 교사의 권능을 넘어서지도, 그렇다고 한량들처럼 실컷 놀았으니 회초리 좀 맞아도 괜찮다고 자신을 위로하지도 못한다. 학무관 앞에서 치르는 최종 시험은 어디까지나 자발적인 것이다. 학무관은 누구에게도 학위 취득을 강제하지 않는다. 그보다 학생들이 원할 때까지 기다린다. 오히려 그는 시험을 치르겠다고 안달인 학생들 때문에 골머리를 앓는다. 우리가 도덕적 의식이라는 책을 공부할 때는 교사면허를 준비하는 학생들을 모범으로 삼아야 한다. 그들은 식음을 전폐하고, 시험을 치르는 책만 궁리하고, 이 책과 관련된 유용한 자료들을 모으고, 이

---

92 심판의 계곡. 「요엘」 3:2, 3:12.-옮긴이

그림 11 파리 대학에서 회합을 갖는 박사들(14세기).

주제로 강의하는 교수들의 수업만 찾아다닌다. 그러다 보니 주변에서는 그들이 최종 시험을 준비하고 있다는 사실을 금방 알아챈다. 이것은 닷새나 열흘 정도 준비하면 되는 것이 아니라(물론 많은 사람이 자신들이 지은 죄에 대해 하루 한 시간도 참회하지 않는 경우가 흔하지만), 오랜 세월 꾸준함이 필요한 일이다. 시험이 시작되면 학무관은 이렇게 묻는다. "형제여, 이 질문에 답해보라. 또, 이 질문에, 그리고 이 질문에…." 학무관은 단지 책에 나와 있는 지식을 앵무새처럼 반복하기보다는 그 안에 있는 참뜻을 이해하기를 바란다. 그는 최후의 심판(우리 자신의 도덕적 의식을 처음부터 끝까지 모조리 살피고 한 치의 오차도 없이 판정하는)과 달리 책에 나와 있는 단지 일고여덟 줄의 문장들만을 골라 그중 지원자에게 네 문제 정도 묻고 세 문제 이상 답하면 합격으로 처리한다. 또 다른 점은 학무관이 직접 시험을 주재하지 않는 경우도 더러 있어서 지원자가 대리로 참석한 교사들 앞에서 좀 더 편안하게(학무관의 학식에 압도되지 않으면서) 시험을 치를 수 있었다는 것이다. 여기에 학위 논문의 공개 변론[93](독일 대학들에서는 여전히 중요한 통과의례로 여기는)에 대한 내용은 들어 있지 않다.

볼로냐에서는 교수들 앞에서 먼저 "엄격한 종합시험"을 치렀다. 이때 교수들은 모두 지원자를 "자기 아들처럼 다루겠노라"고 서약했다. 이어 공개적인 시험과 졸업이 뒤따랐다. 그 장면이 어떠하였는지는 고향 집으로 보내는 편지 내용으로부터 미루어 짐작할 수 있다. "'신을 경배하라. 새로운 노래를 부르고, 현과 오르간을 연주하고, 축하의 심벌즈를 울려라.' 당신 아들이 수많은 교사와 학생들이 참석한 자리에서 논쟁의 월계수를 썼다네. 질문이란 질문은 죄다 막힘없이 대답했고, 누구 하나 그의 주장을 반박하지 못하였네. 그리하여 한바탕 축하의 향연이 벌어졌는데, 이 자리에서는 부유하건 가난하건 모두 융숭한 대접을 받았으니 일찍이 볼 수 없던 광경이네. 이제부터는 정식으로 강의를 개설할 수 있는데, 이미 너무나도 인기가 있어 다른 교실들은 텅 비고 이곳만 수강

---

93 박사학위 지원자가 마지막으로 자신의 졸업 논문을 가지고 공개된 자리에서 참석자들과 오랜 시간(대략 한나절) 토론을 벌이는 의식.-옮긴이

생들로 넘쳐나네." 이 편지의 저자는 그다지 성공적이지 못한 지원자에 대해서도 똑같이 과장된 어조로 말한다. 그 시답잖은 위인은 토론은커녕 자기 자리에 염소처럼 얌전히 앉아 있었는데, 이런 그를 참석자들은 랍비(Rabbi)라고 놀려댔다. 그의 연회에 참석한 자들은 하나같이 먹보들뿐이어서 주연(酒宴)이라 부르기도 민망했다. 그의 강의실에는 돈을 주고 고용한 학생들만 앉아 있다.

학문적 위상과 자유

중세 교수들의 사회적 지위는 우리 시대와는 다른 사회적 체제 안에서 결정되었다. 근대의 모습에 가장 가까운 이탈리아의 도시들을 예로 들어보면, 중세에도 오늘날처럼 의학과 법학 교수들의 위상이 높은 축에 속했다. 신학자들과 교회법 교사들이 교회의 고위직, 즉 주교직과 추기경 자리를 많이 차지했다. 신학자들과 철학자들 가운데 토마스 아퀴나스, 알베르투스 마그누스[94], 보나벤투라[95]처럼 최고로 손꼽히는 자들은 주로 대학 교수들이었다. 이들은 천사 같고, 불요불굴(不撓不屈)하고, 논박할 수 없고, 신성하고, 영묘한 만인의 교사들이었지만, 그들 역시 도미니크회와 프란체스코회의 수도사들이었기 때문에 세상을 완전히 등지고 살지는 않았다.

교수들이 사회적 지위와 자부심을 앞세워 대학의 운영에 관여했다면, 몇몇 개혁자들의 주장대로 중세야말로 전문가의 통치가 실현된 위대한 시대였다. 대학은 학생들을 빼면 그 자체가 교수들로 이루어진 집단이었다. 자산이라는 것 자체가 없었으니 이사회가 있을 리 만무했다. 또, 유럽 대륙과 미국의 여러 지역에서 목격되는 국가 통제 시스템도 없었다. 현대적인 행정 개념도 부재했다. 대학에는 구성원들 간의 이런저런 모임들만 있었다. 대학은 상당히 자존감 높

---

94 Albertus Magnus, c.1200~1280. 독일 출신의 도미니크회 수도사, 주교, 스콜라 철학의 완성을 이끈 인물. '보편적 박사'라 불릴 만큼 학식이 뛰어났다.-옮긴이

95 Bonaventura, 1221~1274. 이탈리아의 스콜라 철학자, 프란체스코회 수도사, 철학자.-옮긴이

대학의 탄생

은 집단이자 고도의 자치 기구였다. 당연히 교수들을 "고용 노동자들"처럼 대하는 오늘날 이사회와 같은 섭정 시스템은 작동하지 않았다. 그렇다고 중세의 교수들이 더 자유로웠는지는 별개의 문제다. 왜냐하면 교수 조합에서 그들의 생각까지는 아니더라도 행동은 아주 세밀한 부분까지 통제했기 때문이다. 동료가 행하는 독재는 "이웃의 독재"만큼이나 피할 방법이 없었다.

이제부터는 교수의 지적인 자유에 관해 살펴보자. 이것은 진리를 가르칠 권리로서 우리가 학문의 자유라고 부르는 것이다. 여기서 중요한 것은 빌라도[96]의 경우처럼 진리에 대한 우리의 생각이다. 진리가 탐구를 통해 발견하는 것이라면, 탐구는 자유롭고 제한 없는 것이어야 한다. 그러나 진리가 이미 존재하는 권위 있는 것이라면, 진리는 설명의 대상이고 그것을 설명하는 자는 권위 있는 교리에 복속해야 한다. 후자의 경우가 중세의 진리관이자 교육관이었음은 주지

---

96 Pontius Pilatus. 예수를 십자가형에 처한 로마 총독.-옮긴이

의 사실이다. 그때는 "신앙이 학문에 앞서고, 학문의 경계를 정하고, 학문의 조건을 처방하는" 시절이었다.[97] 그래서 안셀무스[98]도 "내 믿음이 지식을 인도할 뿐, 지식이 믿음에 앞서는 것은 아니다"고 말했다. 이런 식으로 옥죄면 이성은 하찮은 것이 된다. 그레고리오 9세의 당부처럼 파리의 교수들과 학생들은 "철학자들이 아닌 신을 섬기는 학승들이 되어야 한다." 한껏 이성을 뽐내다 홀연 주변을 아연하게 만드는 교수들 특유의 작태는 지적인 오만과 이성에의 맹신이 초래하는 위험을 경고한다. 에티엔 투르네[99]도 그런 경우의 하나인데, 그는 삼위일체설을 "너무나도 명확하게, 너무나도 고상하게, 너무나도 기독교답게" 증명한 뒤에 자기가 방금 입증한 것을 언제든 쉽게 뒤집을 수 있다고 주장했다. 중세 교회는 조금이라도 영민

97 J. B. Alzog, *Manual of Universal Church History* (Cincinnati, 1876), II, p. 733.

98 Anselm of Canterbury, 1033~1109. 이탈리아 출신의 신학자, 영국 캔터베리의 대주교. 인간의 이성을 신의 존재론적 증명에 처음 사용한 철학자.-옮긴이

99 Étienne de Tournai, 1128~1203. 프랑스 오를레앙 출신의 교회법 학자, 주교. 볼로냐에서 교회법과 로마법을 공부했다.-옮긴이

한 구석이 있으면 의심쩍은 눈으로 보았다. 학교에서 벌이는 토론은 죽도 밥도 아닌 채로 끝나기 일쑤였고, 마음대로 논의를 전개했다가는 이단으로 몰리기 십상이었다. 중세에는 이단을 색출해 처벌하는 종교재판소(Inquisition)라는 특별한 교회 법정이 있었다.

일반적인 조건이 그러하였다면, 실제 상황은 어떠했을까? 철학과 신학을 제외하고는 전반적으로 자유로운 분위기였다. 법학, 의학, 문법, 수학 가릴 것 없이 자유롭게 강의하고 마음대로 토론하였다. 근대적인 의미에서의 사회 문제는 아직 태동하지 않았고, 사회과학과 같은 것을 가르치지 않았기에 골치 아픈 난제도 없었다. 내가 알기로는 중세의 어떤 교수도 자유무역이나 화폐 주조, 사회주의나 무저항을 설파했다고 비난을 받지 않았다. 로마 제국 말기처럼 종종 개인의 저작이 공개적으로 불태워졌을망정, 16세기 이전까지 서적에 대한 조직적인 검열은 이루어지지 않았다.

그렇다면 철학과 신학의 경우는 어떠했는가. 당연히 문제는 신학에 있었다. 철학은 신학의 문제들만 다루지 않으면 자유의 몸이었다. 그러나 당시 철학은 신학적인 질문에 참견하는 일이 많았고, 12~13세기를 거치면서 기독교 신학과 이교도 철학(아리스토텔레스의 저작들로 대변되는) 사이에 종종 싸움이 벌어졌다. 논의의 물고를 튼 사람은 아벨라르였다. 그는 자신의 논리적인 문답법을 신학에 적용했다. 이어 동시대를 살았던 질베르 포레[100]가 아리스토텔레스의 논리학을 신학적 사변에 대입했다. 12세기가 끝나갈 무렵 『신논리학』은 세상에 널리 알려졌다. 그러고 나서 1210년부터 1215년까지 파리에서 강의가 금지됐던 아리스토텔레스의 『형이상학』과 자연철학이 아랍 주석가들의 도움을 받으며 등장했다. 1231년에 교황은 이들 저작을 "면밀하게 조사하여 의심쩍은 내용은 모두 삭제하라"고 지시했지만, 1254년까지 그것들은 자유학예 교육과정 안으로 편입되면서 사라지기는커녕 새로운 해석을 통해 기독교 신앙과의 화해를 모색했다. 이로부터 한 세대 뒤에는 아베로에스[101]의 주장(세계는

---

100 Gilbert de la Porrée, c.1085~1154. 프랑스의 스콜라 철학자, 신학자.-옮긴이

대학의 탄생

영원하고 천계의 이성들이 지상의 행위를 결정한다)이 확산되었다. 1277년에 파리의 주교[102]는 자유학예로부터 허를 찔린 신학의 처지를 개탄하며 아베로에스주의자들의 오류를 이백열아홉 개의 명제로 정죄하였다. 이 기간에 파리에서는 아리스토텔레스의 모든 저작을 가르치고 배웠다. 토마스 아퀴나스는 아리스토텔레스의 방법을 동원해 자신의 거대한 스콜라 철학의 골격을 세웠다. 다른 이들도 광범위한 철학적 사변을 시도했는데, 그러다가 만에 하나 골치 아픈 문제라도 발생할 것 같으면 철학에서는 사실이라도 신학에서는 거짓일 수 있고, 그 반대의 경우도 가능하다고 얼른 둘러대면 그뿐이었다.

나는 가르침의 자유와 관련된 13세기의 문건들을 살펴보려고 파리 대학의 연대사(年代史, Chartularium)를 샅샅이 조사하였다. 위에서 언급했던 굵직한 논쟁들 말

---

101 Averroes, 1126~1198. 스페인 코르도바 출신의 아랍계 철학자. 아베로에스는 이븐 라쉬드(Ibn Rushd)의 라틴명. 아리스토텔레스의 번역자이자 주석자로 유명했다.-옮긴이
102 Etienne Tempier, 1210~1279. 파리 대학의 학무관을 지냈다. 당대의 '급진적인' 아리스토텔레스주의자들을 비판했다.-옮긴이

고는 그다지 눈에 띄는 사건이 없다. 1241년에 대학 학무관과 신학 교수들이 열 개의 명제를 이단으로 고발했다. 그 가운데는 신적 본질의 가시성, 천사들, 축복받은 영혼들의 다음 생애 거처(최고천이나 수정천[103]) 등 매우 추상적인 문제들이 포함되었다. 1247년에는 레몽[104]이라는 교사가 신학 교수들에 의해 이단으로 몰려 투옥되었고, 장 브레시아[105]는 그의 논리학 명제들이 "아리우스[106]의 이단을 닮아" 교부철학자들이 설정해 놓은 두 학부 간의 경계를 혼란스럽게 만들었다는 이유로 교사면허를 박탈당했다. 1255년경에 파리에서는 이른바 '영원한 복음' 문제로 잡음이 끊이질 않았는데, 이것은 1260년부터 『신약성서*Novum Testamentum*』와 교

---

103 밀턴(John Milton)의 우주관을 설명하는 개념들. 최고천(empyrean)은 하늘의 하늘로 불리는 마지막 천구 바깥의 무한한 영역. 신의 불멸의 거처. 수정천(crystalline)은 지구에서 천국으로 여행을 떠난 여행자가 거쳐 가는 아홉 번째 천구.-옮긴이

104 Master Raymond. 이미 한 차례 투옥되었다가 풀려난 상태였으므로 감옥으로 되돌아갔다는 표현이 적절하다.-옮긴이

105 Jean de Brescain. 교사면허를 박탈당했을 뿐만 아니라 파리에서 쫓겨나고 파리 교구에서 영구 제명되었다.-옮긴이

106 Arius, 250/256~336. 이집트 알렉산드리아 출신의 신학자. 예수의 신성을 부정함으로써 이단자로 규정되어 추방되었다.-옮긴이

황과 교계제도를 대신하는 성령의 새 시대가 열린다고 예언하는 종말론을 가리킨다. 이러한 주장은 일부 지체 높은 프란체스코회 수도사들의 묵인하에 탁발 수도회와 오랫동안 갈등을 빚었다. 그러나 어떤 심각한 결과를 초래한 것은 아니었다. 1277년, 옥스퍼드에서 자유학예를 가르치면서 서른 개의 잘못을 범한 교수가 교직에서 쫓겨났다는(이단으로 정죄되었다는 것이 아니라) 소식이 파리에 당도했다. 만일 교사가 라틴어 명사의 격변화와 동사의 어미 변화를 제대로 가르치지 않았다면, 우리는 추방당한 선생들보다 그 밑에서 공부했던 학생들에게 더 연민의 정을 느낄 것 같다. 이 대목에서 과연 누가 학문의 자유란 "자기 생각을 말하는 자유일 뿐 그 말이 무엇인지를 생각하는 것은 아니다"는 근대적 강령을 입에 담겠는가!

신학적 광풍이 유례없이 세차게 몰아치던 시대, 그것도 그 중심지[파리]에서 가르침의 자유를 크게 침범한 사례들이 이 정도에 불과했다면, 실제로는 우리가 상상하는 것 이상으로 자유가 많이 있었다고 추측할 수 있다. 말썽은 거의 전적으로 신학적 이단으로 여겨지는 것에서 연유하거나, 아니면 신학에 무지한 자들이 신학적 문제에 무턱대고 끼어드는 바람에 일어났다. 자신의 소임에 충실한 자들은 일반적으로 외부의 간섭으로부터 자유로웠다. 16세기의 위대한 법률가 쿠자스[107]는 그가 프로테스탄트인지 가톨릭인지를 묻는 말에 "이것은 법관의 일과는 아무 관련도 없다(Nihil hoc ad edictum praetoris)"라고 답했다. 신학과 철학이라는 단속이 심한 영역에서조차 자유를 침해당하는 경우는 많지 않았던 것으로 보인다. 처음에 권위를 수용하는 자세를 보인다면, 그 이후로는 모든 일이 순탄했다. 오늘날 우리보다도 제약을 덜 받았다. 울타리는 그것을 넘을 생각이 없는 사람에게는 더 이상 장벽이 아니다. 그리고 좀 더 비판적인 시대에는 수용하기 어려운 것들도 그 시대 교사들에게는 장애물로 느껴지지 않았다. 자기가 자유롭다고 여기면 그 사람은 자유로운 것이다.

---

107 Jacques Cujas, 1522~1590. 프랑스의 법학자. 중세 주석가들의 전철을 밟기보다는 고대의 법률 문헌들을 고증하는 작업에 천착했다.-옮긴이

게다가 근대적 다양성에 익숙한 사람들은 중세적 사고를 천편일률(千篇一律)적이라고 속단하기 쉽다. 하지만 역사적인 전개 과정이 말해주듯, 스콜라 철학은 하나의 교리가 아닌 의견이 분분한 학설이었다. 그리고 서로 다른 학파 간의 경쟁과 의견 대립은 과거 그리스인들 사이에서나 현재 우리 사회에서처럼 첨예하였다. 그 차이가 우리 눈에 너무 세세하고 비현실적인 것처럼 보인다면, 일례로 유명론(Nominalism)과 실재론(Realism)에 대한 중세인들의 오래된 논쟁을 소환하라, 그러면 보편적 개념의 본질을 둘러싼 그들의 견해차가 충분히 현대적인 것임을 알 수 있다. 보편자는 단지 이름뿐인가, 아니면 개별 사물들에 앞서 실재하는 것인가? 이 질문이 단순히 논리학의 문제라면 진부한 말장난에 불과하지만, 그것이 삶의 문제가 되면 상황은 곧 돌변한다. 우리가 교회를 바라보는 시각이 유명론적인지 실재론적인지에 따라 종교개혁의 본질이 달라진다. 우리가 국가를 바라보는 시각이 유명론적인지 실재론적인지에 따라 정치의 주안점이 바뀌고, 그로 인해 수백만 명이 "쓸쓸하게 죽

어갔지만," 정작 그들은 자신들이 무엇을 위해 싸웠는지 그 정치적 대의도 의식하지 못하는 경우가 허다했다. 그나마 국가의 이익이 구성원들의 이익보다 우선한다는 구체적인 언명(言明)이 있을 때 그것을 이해할 수 있었다.

중세의 교수들은 자기들만의 방식으로 인간의 영원한 관심사를 다루었다. 그 과정에서 그들은 인간의 기지를 예리하게 다듬었고, 학문의 전통이 꺼지지 않게 배움의 등불을 밝혔다.

대학의 탄생

제3장

중세의 학생들

———

자료

교수들이 입버릇처럼 말하듯 "대학은 학생들만 없으면 참으로 평화로운 곳일 게다." 지금까지 우리가 대학을 교수들의 입장에서 살펴보았다면, 이제는 학생들의 차례. 학생들을 필요악으로 간주하건 대학의 존립 이유로 생각하건 그들을 무시할 수는 없는 노릇이다. 중세 대학은 대령의 지휘를 받는 연대가 아닌 "교수들과 학생들의 집단"이었다. 이하에서는 그중 다수를 차지했던 두 번째 집단[학생들]에 대해 알아본다.

중세의 학생들은 교수들보다 그 모습을 가늠하기 어려운 집단이었다. 그들은 개인적으로 도드라져 눈에 띄는 경우가 별로 없었고, 대체로 군중 속에 파묻혀 집합적으로 존재했다. 게다가 대중이라는 것이 때와 장소에 따라 수시로 모습을 달리하는지라 그들을 일반화하기란 쉽지 않다. 한 시대, 한 대학에서는 사실인 것도 다른 시간과 장소에서는 전혀 그렇지 않다는 말이다. 미국 대학들의 그 짧은 역사 속에서도 학생들은 매우 다른 모습을 보였다. 가령 17세기 하버드, 18세기 윌리엄-앤-메리, 19세기 캘리포니아, 20세기 컬럼비아의 학생들을 비교해 보아라. 이런 이질적인 자료들로부터 마구잡이로 뽑아낸 조각들을 가지고 퍼즐을 완성할 수는 없다. 그러므로 중세 각 대학의 상황을 역사적인 순서대로 모두 살펴볼 때까지 중세 학생들의 삶을 일반적으로 서술하기란 불가능하며, 아직 누구도 그러한 선행 연구를 체계적으로 시도하지 않았다. 현재로서는 주변의 가용한 자료들을 긁어모아 학생들의 삶에 대한 대강의 시사점을 줄 수 있을 뿐이다.

다행히도 우리는 중세의 흩어진 유적들 속에서 학

생들 문제를 직간접적으로 다루는 자료들을 상당량 찾아냈다. 그중 하나가 법정 기록물인데, 우리는 자질구레한 난동과 자주 반복되는 위법 행위들에 대한 단조로운 서술 속에서 생생한 중세의 삶을 엿볼 수 있다. 이를테면 볼로냐의 학생이 교실에서 칼에 찔리는 사건이 발생했는데, 이는 고매하고 출중한 법학 교수의 강의를 듣고자 운집한 자들에게 심각한 위해를 가하는 일이었다. 또, 1289년에 어떤 학생이 강의실 앞 길가에서 한 필사가가 "내리친 돌에 머리가 깨져 피를 흘리자" 옆에 있던 동료 학생 두 명이 끼어들어 "저놈에게 복수하자"고 말하더니 실지로 그렇게 하고 도망쳤다. 이와 마찬가지로 옥스퍼드의 검시관 명부에 오른 많은 사람이 이른바 '타운 대 가운(town vs. gown)'의 싸움에 연루되었다.[108] 한편 최근에 공개된 1265~1266년 등록대장에 따르자면, 볼로냐의 학생들은 수업료를 마련하기 위해 대출을 받고 책을 파는

---

108 '타운'은 지역 주민들을, '가운'은 학생들을 의미한다. 중세 이래 이 두 집단은 때론 갈등 관계에, 때론 공생 관계에 있었다고 볼 수 있다.—옮긴이

일을 불사했다. 물론 대학과 칼리지의 정관에는 각종 금지사항과 벌금, 대화의 주제, 모자와 가운의 모양 및 색깔(그때와 비교하면 오늘날 미국 대학의 학위복은 매우 현대적이다)에 대한 규정이 자세히 나와 있다. 법의 힘을 빌리는 심각한 경우들도 발생했다. 뉴 칼리지에서는 채플에 돌을 던지는 행위를 금지하는 법률을 제정했다. 또, 라이프치히에서는 사안의 엄중함에 따라 처벌의 수위를 달리했는데 교수에게 던질 물건을 손에 집은 자, 그것을 던졌으나 빗맞힌 자, 목표물을 명중하여 교수에게 상해를 입힌 자를 구분하여 벌칙을 부과했다. 역사를 기록하는 사람들도 가끔 왕과 왕자들을 대신해 학생들과 그들의 행동에 관해 이야기하곤 하였는데, 그들은 현대판 연대기 작가들인 신문 기자들처럼 학생들의 비행을 고발하는 데만 정신이 팔려 학생들의 일상적인 학업은 도외시했다.

다음은 동시대 설교자들이다. 그중 대부분이 교수들이었다. 그러다 보니 그들의 설교에는 학생들의 품행에 관한 서술이 빠지지 않았다. 그 시대 파리의 설교자들이 증언하듯, 중세 대학이 오롯이 성경 연구와

대학의 탄생

그림 12 옥스퍼드에서의 학생 폭력. 칼에 찔린 학생이 피를 흘리고 있다.

종교적 양육에만 힘을 쏟았다는 생각은 그야말로 어불성설(語不成說)이다. 어느 설교자의 말처럼, "학생들의 마음은 진창을 굴러다니고, 온통 성직록과 세속적인 것 그리고 욕구 충족에만 혈안이 되어 있다." "그들[학생들]은 걸핏하면 언쟁을 벌이고 싸우려 하니 도무지 함께 잘 지낼 수가 없다. 그들은 파리건 오를레앙이건 가는 곳마다 말썽을 부린다. 지역 주민들, 학생단, 심지어 대학 전체가 그들 때문에 몸살을 앓는다.” 학생들 다수가 무장한 채로 도심을 활보하면서 시민들을 공격하고, 가옥들을 부수고, 여자들을 겁탈한다. 그들은 자기들끼리도 개, 여자 따위를 문제 삼아 싸움질을 한다. 상대방의 손가락을 자신들의 칼로 베어버리거나, 손에 단검만 쥐고 정수리를 훤히 드러낸 채 서로에게 덤벼들어 혈투를 벌이는데 그 모습이 얼마나 무서운지 중무장한 기사들도 꽁무니를 뺄 지경이다. 이때 고향 친구들이 힘을 보태고, 그러다 보면 싸움은 판이 커져서 동향단끼리 충돌하는 사태가 발생한다. 이들 파리의 설교자들은 우리에게 라틴구의 시끌벅적한 정경(情景)을 보여준다. 당장이라도 길거리 어디에선가 이런 노랫말이 들려올 듯하다.

시간은 흘러가는데,
아무것도 이룬 것이 없네.
시간은 다가오는데,
아무것도 하지를 않네.

그밖에도 학생들의 탬버린과 기타 연주, "경박하고 악의적인 말소리", 설교와 공개 토론에서 들리는 쉭쉭거리는 야유와 커다란 박수 및 고함으로 거리는 조용할 날이 없다. 그들은 가발 쓴 옆 사람을 조롱하는가 하면, 지나가는 사람에게 혀를 내밀거나 험상궂은 표정을 지어 보인다. 창가에 앉아 공부하거나 같은 방을 쓰는 친구와 미래에 관해 이야기를 나눈다. 부모님이 찾아오기도 하고, 아프면 친구들이 보살펴주고, 학생 장례식에서는 찬송가를 부른다. 동급생에게 놀러 가기도 하고, 그 친구를 초대하기도 하는데 "지난번에는 내가 갔으니, 이번에는 네가 올 차례"라고 말한다.

학생들이란 가히 천차만별(千差萬別)이다. 여기 가난한 학생이 있다. 친구라곤 성 니콜라우스[109]가 전부인지라 세상에 자비를 구하고, 성수(聖水)를 옮기거나 조악한 손으로 필사를 하면서 한 푼이라도 벌려고 애쓴다. 너무 가난하여 책을 살 돈이 없고 수업료도 마련하지 못해 신학 강의를 빼먹는 경우가 허다하지만,

---

109 Sanctus Nicolaus, 270~343. 로마 시대 소아시아 출신의 초기 기독교 성자.—옮긴이

그래도 실력 하나는 책방을 차릴 만큼 부유한 동급생을 능가한다. 한편, 여기 부유한 학생이 있다. 책과 책상은 물론 방에는 양초가 있고 푹신한 침대에 화사한 이불이 깔려 있다. 학칙에서 정한 가운, 모자, 의복 외에도 중세풍의 멋진 옷으로 몸을 치장한다. 또, 여기 아무 생각 없는 한량들이 있다. 부초(浮草)처럼 이 선생에서 저 선생으로, 이 학교에서 저 학교로 떠다닐 뿐, 어느 수업 하나 온전히 듣는 일 없고, 꼬박꼬박 강의에 나타나지도 않는다. 일부는 그저 학생이라는 직함에, 또는 대학에 적을 두어 받는 용돈에만 관심이 있다. 수업이라야 고작 매주 한두 번 참석하는 것이 전부다. 그것도 교회법처럼 아침에 늦잠을 자도 무방한 강의들만 골라 듣는다. 대부분이 공부할 시간에 빵 가게를 전전하고, 교실에 가서는 잠만 잔다. 나머지 시간은 주점에서 술이나 마시며 사상누각(castella in Hispania)을 짓는다. 그러다가 파리를 떠날 때가 오면 그런 학생들은 자신들의 학식을 뽐낼 요량으로 송아지 가죽으로 만든 큼지막한 책들을(넓은 여백과 멋진 붉은색 제본을 자랑하는) 한 보따리 긁어모은다. 그리고 그 지

대학의 탄생

혜로 가득한 자루를 둘러메고 텅 빈 머리를 흔들며 부모님이 계신 곳으로 돌아간다. 이를 가리켜 한 설교자는 "도둑놈이 훔치고, 생쥐나 나방이 갉아 먹고, 불과 물에 사그라질 지식 보따리가 아니면 무엇이겠나?"라고 탄식하며, 실제로 학생을 태운 말이 강물에 빠져 싣고 가던 책들이 모두 망가져 버린 사례를 인용한다. 아예 처음부터 고향으로 돌아갈 마음이 없는 이들도 있다. 그저 공부한답시고 세월이나 낚으며 어떻게 성직록이나 받아볼까 궁리한다. 심지어 방학 기간에도 부유한 자들은 하인들을 앞세워 길을 떠나고, 가난한 자들은 뙤약볕을 맞으며 터덜터덜 고향 집을 향해 발걸음을 옮기지만, 오직 할 일 없는 한량들만이 파리에 남아 자신을 망치고 시민들에게 폐를 끼친다. 우리가 잊지 말아야 할 것은 중세의 파리가 명실상부한 "학문의 어머니"인 동시에 여흥과 사교와 쾌락의 도시였다는 사실이다. 그래서 학구적인 젊은이들뿐만 아니라 시골 신부님들도 휴가를 얻어 상경하고픈 장소였다. 이런 까닭에 학생들은 어떡하든 그곳에 오래 들러붙어 있으려 했고, 그게 여의치 않아 떠날 때는 그 애석함을 말로 다 표현할 수 없었다.

이제 시인들 순서다. 학생은 시인들의 단골 주제다. 예를 들어 뤼트뵈프[110]가 묘사한 13세기의 파리는 설교자들의 증언과 크게 다르지 않다. 그보다 한 세기 전 인물인 장 오트빌[111]은 열심히 공부하다 책 위에 쓰러져 잠든 가난한 학생의 고단함을 노래했다. 니겔 비테커[112]는 브루넬로(Brunellus)라는 당나귀를 의인화하여 파리에서 공부하는 영국인 학생들을 풍자했는데, 초서[113]가 "버넬 경(Daun Burnell)"으로 명명한 그 당나귀 승려는 그곳에서 일곱 해를 공부했으나 무엇 하나 배운 것이 없어서 처음 왔을 때와 마찬가지로 떠날 때도 시끄럽게 불평만 하다가 마침내 수도승이나 주교가 되겠노라 마음먹고 길을 나섰다. 그중 백미는

---

110 Rutebeuf, c.1245~1285. 중세 프랑스의 시인. 일반 대중의 견해를 대변하는 사회 풍자적인 작품들을 남겼다.-옮긴이

111 Jean de Hauteville. 12세기에 활동한 프랑스의 풍자시인.-옮긴이

112 Nigel Witeker/Nigellus de Longchamp, c.1135~1198. 영국 캔터베리의 수도승. 중세 학승을 비판하는 풍자시 『바보들의 거울*Speculum Stultorum*』을 썼다.-옮긴이

113 "Daun Burnell the asse". 초서의 『캔터베리 이야기*The Canterbury Tales*』, "수녀원 신부의 이야기(Nun's Priest's Tale)"에 나오는 구절.-옮긴이

대학의 탄생

그림 13 니겔 비테커의 『바보들의 거울』에 나오는 당나귀 학승 브루넬로.

초서가 노래한 여윈 몸에 남루한 외투를 걸친, 그리
고 세상사에 초연한 옥스퍼드의 학승이다.

> 그의 침대 머리맡에는
> 스무 권의 장서가 놓여 있는데, 검은색이나 붉은색
> 으로 제본한 게
> 모두 아리스토텔레스와 그의 철학에 관한 것일 뿐,
> 부드러운 가운도, 만지작거릴 바이올린이나 솔터리[114]
> 도 없다.
> ·   ·   ·   ·   ·   ·   ·   ·
> 그는 도덕적으로 올바른 말만 하며,
> 기꺼이 배우고 기꺼이 가르치려 한다.

그러나 학생들의 삶에 관해서는 결국 학생들 스스
로가 가장 잘 아는 법이다. 내가 중세의 학생 문헌(학
생들의 글이나 학생용 책자)에 특별히 주의를 기울이는 이
유다. 과거의 학문적 일상을 엿볼 수 있는 자료들로

---

114 Psaltery. 중세에 널리 쓰인 현악기.─옮긴이

는 학생 편람, 학생 편지, 학생 시가 대표적이다. 이제부터 그것들을 하나씩 살펴보자.

학생 편람

학생들을 위한 일반적인 충고와 조언은 중세라고 특별할 것이 없다. 학생들이 지켜야만 하는 사항들을 빼곡히 적어놓은 형식적인 책자들은 남에게 설교하기 좋아하는 중세 특유의 정신세계를 보여주는 것이지만, 그 내용을 들여다보면 어느 시대에나 통용되는 매우 일상적인 수준의 권고에 불과하다. 시대가 시대인 만큼 번뜩이는 일장 훈계를 통해 대학 생활의 참모습을 보여줄 법도 한데, 그러한 생생한 장면들은 찾아보기 어렵다.

그보다 우리의 흥미를 불러일으키는 것은 학생용 사전이다. 주지하듯 중세의 교육은 모두 라틴어를 매개로 이루어졌다. 라틴어로 쓰인 교과서에 라틴어로 진행되는 강의, 그리고 교실 밖 일상생활에서도 학생들의 라틴어 사용이 의무화되었다.[115] 이러한 규칙은 학습을 장려하고 대화 내용을 통제하기 위한 것이었지만, 위반 시 벌칙을 부과하고 밀고자('늑대'로 불렸던)를 둠으로써 강제성을 띠었다. 당연히 아직 라틴어 사용이 서툴러 새로운 환경에 적응하지 못하는 신입생, 또는 중세 말로 노란 병아리(yellow-beak)들이 어려움을 겪었다. 이에 13세기 파리 대학의 교수였던 존 갈랑드는 파리의 거리를 걷다가 마주치는 사물들을 주제별로 알기 쉽게 설명한 [라틴어] 어휘집을 만들었다. 그의 안내를 따라 독자는 이 구역 저 구역을 넘나들며 이런저런 광경을 목격하고, 노트르담 광장의 노천 책방과 뇌브 거리의 양계 시장에서 그랑퐁에 자리한 환전상과 금세공점 및 성-라자르의 활 공방까지 부지런히 발품을 판다. 이때 학생들의 호기심을 자아내는 여성군(群)에 대한 소식도 빠트리지 않는다. 그 밖에도 책상, 양초, 필기도구와 같은 학용품들은 물론 마구상과 장갑 장수, 모피상, 신발 수선공, 그리고 약

---

115 파리의 대학가를 '라틴구'로 부른다는 사실을 기억하라.-옮긴이

대학의 탄생

그림 14 중세 시대의 주사위 놀이.

재상까지 그들이 취급하는 물건들에 대한 유용한 정보를 학생에게 제공한다. 그중 음식과 술을 조달하는 업자들이 학생 집단과 가장 가까운 사이였는데, 그들의 대리인들은 라틴구의 거리 곳곳에 가게를 열고 학생들과 그들의 종자에게 싸구려 음식과 술을 팔았다. 그러다 보니 선술집에서 마시는 것보다 질이 좋은 포도주를 팔러 다니는 행상들이 등장하는가 하면, 학생들에게 상추, 갓, 체리, 배, 풋사과 등을 팔며 바가지를 씌우는 과일 장수들도 눈에 띈다. 해가 지면 간단한 과자를 구워 파는 노점들이 열리고, 상인들은 웨

이퍼(wafers)와 와플(waffles)과 리솔(rissoles)로 정성스레 과자 바구니를 만들어 좌판에 진열한다. 그러면 학생들은 그런 주전부리를 걸고 주사위 놀이를 하는데, 운 좋게 과자 바구니를 차지하는 날이면 그것을 자기 집 창문에 걸어 놓곤 했다. 물론 과자 상인들은 계란과 치즈로 속을 채운 타트(tart)라든지 후추로 간을 한 고기 파이(돼지고기, 닭고기, 장어를 이용한)처럼 학생들의 입맛을 북돋을만한 메뉴들도 준비했다. 한편 학생들의 하인들은 고기 굽는 사람들을 찾아가 비둘기와 거위와 같은 가금류를 쇠꼬챙이에 끼어 구워달라거나, 아니면 익히지 않은 소고기와 돼지고기와 양고기를 마늘과 다른 강한 양념만으로 요리해 달라고 부탁했다. 당연히 이런 음식들은 가난뱅이 학생들을 위한 것이 아니었다. 그들의 얄팍한 지갑으로는 겨우 곱창과 소시지 정도만, 그것도 푸줏간 주인과 가격을 흥정하며 한바탕 싸움을 벌인 뒤에야 맛볼 수 있었다. 그러다가 잘못하면 "푸줏간 주인이 학생들에게 도살당하는 불상사"가 일어났다.

이런 종류의 사전에 뒤이어 또 다른 형태의 책자가

등장한다. 이번에는 대화 형식의 지침서다. 이를 활용한 외국어 학습은 해묵은 것이다. 멀게는 고대 이집트까지 거슬러 올라가고, 가깝게는 오늘날에도 여전히 허튼 여행객(올렌도르프[116]의 방법을 통해 유럽을 정복하려는)의 귀를 솔깃하게 만든다. 중세 후기의 저술가들은 이런 학생용 편람을 제작하여 라틴어 수업에 도움을 주는 동시에 학생들의 건전한 학문 생활을 안내하고자 하였다. 그래서인지 학교와 대학 가릴 것 없이 그 역사적 흔적이 곳곳에 남아 있다. 그중 가장 흥미로운 것이 "성공적인 대학 생활을 위한 설명서"라는 제목의 학생용 편람이다. 이 책자는 1480년경 하이델베르크 대학의 학생들을 위해 만든 것이지만, 그 내용을 조금만 바꾸면 독일의 어느 대학에도 가져다 쓸 수 있다. 흔히 "하이델베르크의 두루마기(Rollo Heidelberg)"로 불리며, 대학 입학에서 학위 취득까지 학생 생활 전반을 안내하는 열여덟 개의 장으로 이루

---

[116] Heinrich Gottfried Ollendorff, 1803~1865. 독일의 문법학자, 언어 교육자. 언어 학습에서 직관과 연습을 중시하는 올렌도르프 방법의 창시자.-옮긴이

어져 있다. 그런데 그 안에는 입학이나 학위 취득과는 아무런 관련도 없는 온갖 잡동사니 정보들이 수두룩하다. 한 젊은이가 도착한다. 울름의 중산층 가정 출신이란다. 독일식으로 신고식을 치른다. 신입생을 뿔과 어금니가 달린 야수로 취급하다가 동료 학생들이 그것들을 뽑아주며 거들먹거린다. 그 과정에서 신입생은 공개적으로 고해성사를 하고, 속죄의 뜻으로 모두에게 저녁을 융숭하게 대접한다. 학생은 매일 세 개의 강의를 들으며 공부에 전념한다. 그는 실재론을 반박하고 유명론을 옹호하는가 하면, 법으로 금지한 테렌티우스[117]의 희극을 변호할 줄도 안다. 그리고 대학들을 서로 비교하며 저마다 장점은 무엇이고, 식료품 가격은 어느 정도 차이가 나며, 도시별로 맥주 맛은 얼마나 다른지 토론한다. 학생은 책을 제자리에 놓지 않는다며 방 친구와 말다툼을 한다. 첫 번째 종이 울리면 서둘러 저녁을 먹으러 간다. 식사 자

---

[117] Publius Terentius Afer, 195/185~159BC. 고대 로마의 희극작가. 인물에 대한 성격 묘사나 감정 표현이 뛰어난 작가로 정평이 나 있다.-옮긴이

대학의 탄생

그림 15 하이델베르크 대학의 강당. 1550년경에 제작된 목판화.

리에서 그들은 송아지 고기와 콩의 장단점을 논한다. 또, 네카강 너머 들판을 산책한다. 오랜 세월 하이델 베르크의 젊은이들을 사로잡았던 유명한 철학자의 길(philosophenweg)을 걸으며 새와 물고기들에 대해 라틴어로 의견을 주고받는다. 그러더니 짧은 대화들이 오간다. 학생은 학칙을 어긴다. 그는 돈을 빌리고 갚는다. 사랑에 빠지고 헤어난다. 그는 뚱뚱한 이탈리아 수도사의 설교를 들으러 가는가 하면, 시장 광장에서 저글링과 마상시합을 구경한다. 그는 곧 힘든 시기(dog-days)가 닥칠 것을 안다. 벌써부터 머리가 지끈거린다. 마침내 부모님의 전갈이 도착한다. 이제 학위를 받고 집으로 돌아올 시간이란다! 불안이 엄습한다. 그는 강의에 거의 나가지 않았다. 그래도 꼬박꼬박 참석했다고 맹세해야만 한다. 그동안 공부와는 담을 쌓고 지냈다. 그에게 적의를 품은 교수들도 상당히 많다. 선생님께서는 졸업 시험에 응시하지 말라 하신다. 스스로도 실패할까 두렵다. 그러나 시험관은 오비디우스[118]로부터 적절한 문구를 인용하면서 그를 안심시킨다. 그리고 적당히 성의 표시만 하면 모든 일이 잘 풀릴 것이라고 귀띔한다. 금화 몇 닢에 모두가

---

118 Publius Ovidius Naso, 43BC.~17AD. 고대 로마의 시인. 감정이 풍부한 서정시와 신화·전설을 취재한 서사시를 남겼다.-옮긴이

내 편이 된다. 상황이 이러하니 그는 집에 돈을 좀 부쳐달라고 편지를 쓴다. 그리고 교수들을 위해 성대한 연회를 베푼다. 그들의 마음만 얻으면 시험은 걱정할 게 없다. 이런 충고는 그 시절 교육의 수준이 어떠했는지를 보여준다. 그런데 대부분이 그 제안을 따랐던 것처럼 보인다. 왜냐하면 이 안내 책자는 교수들을 술자리(공짜 목욕에 뒤이어)에 초대하는 양식들로 끝을 맺기 때문이다.

대학에서는 학생들의 행동 수칙과 방식 등을 간단히 적어놓은 책자만 있어도 충분했지만, 그보다 낮은 수준의 학교들에서는 그러한 규범들을 라틴어 2행시(couplets)의 형식을 빌려 학생들의 마음에 각인시키는 일이 필요했다. 이러한 학생 규정집(statuta vel precepta scolarium)은 특히 15세기 독일의 학교들에서 인기가 높았던 것으로 보인다. 최근에는 중등교육의 역사를 연구하는 학자들이 그 중요성을 논의하였다. 당시만 해도 독일의 소년들은 초기의 떠돌이 대학생들처럼 이 도시에서 저 도시로 자주 거처를 옮겨 다녔고, 그러다 보니 그들만큼 도덕적 계율이 필요한 집단도 없었다. 우선, 신을 섬기고 교사에게 순종하는 지혜가 필요했다. 교회에서는 몸가짐을 조심하고 성가대의 일원이 되는 것이 중요했다. 이런 학교들에서는 교회에 정기적으로 나가 신을 찬미하는 것이 일상이었기 때문이다. 또, 책은 깨끗하게 관리하고, 학비는 꼬박꼬박 내야 한다. 아침이면 얼굴과 손을 깨끗하게 씻는다. 그러나 목욕탕에는 허가 없이 갈 수 없다. 소년들은 얼음판 위에서 놀거나 눈싸움을 할 수 없다. 일요일은 쉬는 날이지만, 교회 앞마당을 벗어날 수 없다. 이때 주사위 놀이는 할 수 없고, 벽에서 돌을 깨서 교회 쪽으로 던지는 행위도 금지된다. 밖에서 놀 때도 집 안에 있을 때도 항상 라틴어를 사용해야 한다.

파리 국립도서관[119]에 필사본이 남아 있는 15세기의 한 편람은 좀 더 체계적이다. "우둔한 젊은이들이 이론만으로는 라틴어를 정복할 수 없어서" 저자는 학생들을 돕기 위해 그들이 가장 즐겨 사용하는 표현 어구들을 몇 개의 유형으로 나누어 놓았다. 먼저, 학

---

[119] MS. Lat. n. a. 619, ff. 28~35.

대학의 탄생

교생활에서 지켜야만 하는 예절을 다룬다. 교사에 대한 순종과 공경이 지혜의 출발점이다. 소년은 교사에게 어떻게 인사하고, 어떻게 작별을 고하며, 어떻게 잘못에 대해 용서를 구하는지를 배운다. 또, 교사를 부모님과의 저녁 식사 자리에 어떻게 초대하는지를 배우는데, 그 방식이 무려 여섯 가지나 있단다! 그는 지식을 묻는 시험관의 질문에 어떻게 답하는 것이 좋은지, "부모님의 눈에 멍청하게 보이지 않으려면" 어떻게 행동해야 하는지를 배운다. "만일 교사가 '자네는 수업을 빼먹고 어디를 그렇게 돌아다니는가?'라고 묻는다면" 그는 두통이나 늦잠 같은 진부한 변명들 말고도 시골에 사는 소년에게 더욱 그럴듯한 이유를 둘러댈 수 있어야 한다. 가령 집안을 돌보거나, 소에게 여물을 먹이고 말에게 물을 주느라 늦었노라고 답해야 한다. 또, 결혼식에 참석하거나 포도를 수확하느라, 또는 각종 청구서를 작성하느라 그럴 수밖에 없었다고 말해야 한다. 이들은 양조장에서 일하고, 맥주 심부름에 바쁘고, 손님들의 술 시중을 돕는 독일 소년들이었기 때문이다.

학교에서는 오전에 신을 찬미하며 "마음의 양식"을 쌓는다. 이어 배고픈 육신을 달랜다. 그런 시간은 공부를 마치고 나서야 찾아온다. 왜냐하면 "배가 부르면 영혼은 굼떠지기 때문이다." 점심을 먹을 때나 운동장에 있을 때 "학생들은 걸핏하면 라틴어 대신 모국어로 대화를 나눈다." 만일 소년이 독일어를 쓰다 발각되면 교사는 그에게 멍청함을 상징하는 '당나귀'라는 별명을 지어준다. 소년은 이 별명을 다른 학생에게 떠넘기려 무척 애쓴다. 한 예로, 그가 짐짓 [독일어로] "필기도구를 사고 싶은 사람이 있느냐"고 물으면, 누군가 아무 생각 없이 [독일어로] "내가 사고 싶다"라고 답한다. 그러면 소년은 기다렸다는 듯이 [라틴어로] "이젠 네가 멍청한 당나귀야, 내게 속았지"라고 말한다. 가끔 피해자는 가해자를 저녁 기도가 끝난 뒤에 따로 불러낸다. 이때 양편 모두 학생 특유의 허풍을 떤다. 학교 안에서는 주먹다짐이 금지되어 있으므로 소년들은 흥분을 가라앉히고 불만이 있으면 라틴어로 논쟁을 벌인다. 한쪽에서 "네 놈은 밤만 되면 도시를 몰래 빠져나가지. 일요일이면 속물들과 놀

아나고. 월요일에는 수영이나 하러 가지. 아침 예배에는 코빼기도 보이지 않고, 미사 시간에는 줄곧 잠만 잔단 말이야"라고 쏘아붙이면, 다른 쪽에서는 "선생님, 저놈은 책을 더럽혀 못쓰게 만들고, 가는 곳마다 따라와서는 동네방네 제 이름을 팔고 다니지 뭡니까"라고 응수한다. 이런 판에 박힌 언쟁 말고도, 학생들은 길거리 싸움, 사촌의 결혼식, 작센 공국과의 전쟁, 또는 에어푸르트로 가는 방법(그들 가운데 열여섯 살이 되면 그곳으로 가서 대학에 다닐 아이가 있으므로)과 같은 시사적인 문제들로 토론을 벌인다. 하루의 가장 큰 시련은 라틴어 문법 시험이다. 누구 하나 가릴 것 없이 돌아가며 교사의 질문을 받는다. 학생들은 [라틴어] 격변화와 동사 활용을 반복해서 외운다. 게으른 학생은 결전의 시간이 다가올수록 불안에 떤다. 어쩌면 선생님이 오지 않을지도 모른다는 희망을 버리지 않는다. "오늘 선생님을 찾아온 손님들이 있었지." "하지만 그들은 모두 정각에 떠났는걸." "선생님이 목욕탕에 갔을지도 몰라." "하지만 지난번 목욕을 하고 아직 일주일도 지나지 않았는걸." "저기 선생님이다. 늑대가 온다.

당장 들이닥칠 기세야." 불안에 떠는 학생에게 마지막 희망은 답이 생각나지 않을 때 얼른 귀띔해주겠다고 약속한 친구 옆에 앉는 것이다.

"문답을 마치고 수업이 끝나면, 다시 모두가 웃고 즐기며 귀가 시간을 기다린다." 이때 그들이 나누는 대화는 무척 자유분방하여 "여기서 차마 입에 올리기 민망할 정도다." 그러나 안도하긴 이르다. 아직 최종 관문이 남았다. 하교에 앞서 "그날의 우열을 가리는 진지하고 맹렬한 토론"을 벌인다. 승자는 선물을 챙기고 패자는 다음 날까지 멍청한 당나귀(asinus)로 불린다.

방과 후 소년들은 교회 경내에서 후프놀이, 구슬놀이, 공놀이, 숫자놀이 등을 한다. 편람의 저자는 후프놀이를 나무와 돌로 만든 굴렁쇠를 던지거나 돌리는 놀이와 구분한다. 이후로는 소년의 라틴어 실력으로 감당하기 어려운 주제가 나온다. 그래서 해당 주제를 다루다 말고 편람도 갑자기 끝난다.

학생 편람에는 중세의 다른 안내서들, 특히 예절서들(예컨대 13세기부터 세간에 회자되던 "도시생활 설명서"와 "식사 예절서"와 같은)과 중복되는 항목이 있다. 그러나 그런 예절서들은 카스틸리오네[120]의 『궁정인Cortegiano』만큼 세련된 것도, 또 현대 예절서들처럼 정교한 것도 아니다. 나이프와 포크 사용법도 제대로 모르는 자들에게 섬세한 사교술을 가르칠 수는 없는 노릇이다. 중세의 안내 책자들에는 아직 초보적인 행동 지침만이 담겨 있을 뿐이었다. 아침에 일어나면 손을 깨끗하게 씻고, 그러고도 시간이 남으면 얼굴도 씻어라. 냅킨과 손수건을 사용하라. 세 손가락을 이용해 음식을 집고, 너무 게걸스럽게 먹지 마라. 식탁에서 소란을 피우거나 시비를 걸지 마라. 옆 사람을 응시하지도, 그의 그릇을 뚫어지게 쳐다보지도 마라. 음식 투정을 삼가라. 나이프로 이빨을 쑤시지 마라. 이런 매우 기본적인 사항들이 이 시기에 라틴어, 프랑스어, 영어, 독일어, 이탈리아어 등으로 저술된 책자들에서 접하는 행동 규범들이다. 물론 지금이나 그때나 시대를

---

120 Baldassare Castiglione, 1478~1529. 이탈리아의 인문주의자, 정치가, 시인. 르네상스 시대를 대표하는 예절서 『궁정인』을 썼다.-옮긴이

초월하는 혜안은 있기 마련이다. 가령 뼈에 붙은 살점은 포크를 이용해 긁어내야지 손으로 들고 뜯어서는 안 된다. 고기를 모두 떼어내면 뼈는 빈 그릇이나 바닥에 내려놓자!

학생 편지

중세 학생들의 일상을 꾸밈없이 보여주는 개인적인 편지들이 남아 있다면, 그것들보다 대학 생활을 생동감 있게 묘사해주는 자료도 없을 테지만, 애석하게도 중세에는 다른 것들과 마찬가지로 편지쓰기도 정형화된 형식을 따랐다. 대다수 사람에게 편지쓰기는 개인의 감정과 경험을 드러내 보여주는 일이라기보다는 다른 누군가의 편지를 그대로 베껴 쓰다가 필요한 부분만 조금 바꾸는 수고스러운 노동이었다. 간혹 새롭거나 개인적인 요소도 찾아지긴 하였지만, 바로 그런 까닭에 그것은 편지쓰기에 유용하지 못한 것으로 여겨져 곧 시야에서 사라졌다. 그동안 우리는 편지의 "유형에만 집착한 나머지 편지 하나하나의 내용에는 소홀"했다. 현존하는 중세의 원고 뭉치들 사이에 끼어있는 수백 통의 학생 편지들은 서식집 또는 서간문 양식이라는 상자에 담겨 우리에게 일괄적으로 전해졌다. 그 과정에서 이런 편지들은 개성을 상실했지만, 그래서인지 대학 생활의 기본적이고 보편적인 속성은 한층 충실하게 보여준다.

중세 학생들의 편지에는 돈을 요청하는 내용이 가장 많이 들어 있다. 한 이탈리아 아버지의 푸념처럼, "학생이라는 놈의 입에서 나오는 말이 돈에 관한 것뿐이다. 편지라는 것을 쓰면서 그저 돈만 달라고 칭얼댄다." 학생 신분으로 살아가는데 필요한 경비를 어떻게 마련하느냐는 것은 확실히 중세 학생이 직면한 가장 시급한 문제였다. 사안의 중요성을 고려했을 때 주변의 수사학자들은 자신들의 지식을 이런 일에 활용하는 기지를 발휘했다.[121] 편지는 대체로 부모님 앞으로 보내지만, 가끔은 형제나 삼촌 또는 교회의 후원자가 수신인이 되는 때도 있다. 이것이 워낙 민감한 주제이다 보니, 가령 대주교처럼 높으신 양반에게 편지를 쓸 때는 무려 스물두 가지의 서로 다른 방법을 동원할 수 있단다. 그만큼 다양한 편지쓰기 형식과 두툼한 교본이 있었다는 말이다. 일반적으로 학생은 자신이 이러이러한 학문의 성지에 와 있고, 이곳에서의 생활이 더할 나위 없이 좋고 행복하지만, 단 하나 생활이 궁핍하여 책과 다른 필수용품을 사들일 돈이 없다는 사실을 주지시킨다. 여기 옥스퍼드 학승의 견본이 남아 있는데, 이것은 다른 것들에 비하면 개인적인 성격이 다소 짙다. 그리고 그의 매우 형편없는 라틴어 실력이 고스란히 드러난다.

"B가 고매하신 A선생님께 안부를 여쭙습니다. 이미 들어 아시겠지만, 저는 옥스퍼드에서 공부에 매진하고 있습니다. 하지만 돈 문제로 학업이 진척되지 못하고 있습니다. 지난번에 보내주신 돈이 바닥이 난 지도 어언 두 달이 지났습니다. 도시의 물가는 비싸

---

121 수사학은 말과 글을 통해 남을 설득하는 기술이다. 중세에는 수사학의 기술이 편지 작성법과 같은 실용적인 목적에 활용되었다. 11~12세기경에 '서간작성법(ars dictaminis)'이라는 이름으로 중세 서간문의 기본 원칙들이 자리를 잡았다.─옮긴이

고, 이곳에서 살려면 필요한 것들도 많습니다. 저는 하숙집을 구해야 하고, 필요한 물품들도 구매해야 합니다. 그밖에도 제가 여기 일일이 열거할 수 없는 다른 많은 것들을 조달해야 합니다. 이런 이유로 저는 선생님께서 아버지다운 인자함과 선한 동정심을 베풀어 저를 도와주실 것을 간청 드립니다. 그리하여 제가 이미 시작한 이 훌륭한 학문의 길을 무탈하게 마칠 수 있기를 바라마지 않습니다. 선생님께서도 잘 아시겠지만, 케레스[122]와 바쿠스[123]의 원조 없이 어찌 아폴론[124]이 제대로 살아갈 수 있겠나이까!"

만일 구두쇠 아버지를 두었다면, 좀 더 구체적인 이유를 들어야만 했다. 대학 도시의 비싼 물가를 탓하거나, 올겨울 추위가 유난히 매서워 생활비가 곱절로 들었다거나, 도시가 포위를 당한 데다 흉작이 겹치고 학생 수가 급증했다는 등 구구절절 애달픈 소리를 한다. 그뿐인가, 지난번 심부름꾼이 강도를 만나서 돈을 모

---

122 앞의 주석 62(본문 65쪽) 참조.–옮긴이
123 앞의 주석 61(본문 65쪽) 참조.–옮긴이
124 그리스 신화에 나오는 학문의 신.–옮긴이

조리 잃어버렸다든지, 아예 중간에서 돈을 들고 도망쳤다고 볼멘소리를 한다. 아들은 더 이상 친구들에게, 심지어 유태인들에게조차 돈을 빌릴 수 없는 지경이라고 읍소한다. 학생들의 넋두리는 애절한 언어로 이어진다. 흔히 아버지의 허영심을 부추기거나 부정(父情)에 호소한다. 볼로냐에서는 진창 속을 절버덕거리며 문전걸식(門前乞食)하는 학생의 딱한 사정이 들려온다. 그는 가는 곳마다 연실 "오 선량하신 나리"를 외치지만 언제나 빈털터리로 집에 돌아온다. 오스트리아식 극약처방도 있다. 학생은 지하 감옥에서 편지를 쓴다. 칠흑같이 어두운 곳에서 말라비틀어지고 썩어 문드러진 빵을 눈물 섞인 물과 함께 먹고 마시며 하루를 버틴다고 적는다. 또, 지푸라기만 깔고 맨몸으로 잠을 청하며, 해진 신발에 찢어진 셔츠 차림으로 돌아다닌다. 무엇으로 입에 풀칠하는지는 말하지 않으련다. 이 이야기를 전해 들은 누이는 남편 몰래 100소우[125]와 셔츠 두 벌, 그리고 10엘[126] 만큼의 좋은 옷감을 보내

---

125 sous tournois. 투르에서 주조된 프랑스의 옛 화폐.-옮긴이

대학의 탄생

그림 16 중세 학생들의 여흥.

주었다. 샤르트르의 두 학생은 자기들이 처한 상황을 간단히 정리한다. "우리는 겉치레를 부릴 여력이 없다. 사방에 빚을 졌다."

이러한 요청에 부합하는 답장은 당연히 애정이 듬뿍 담긴 편지였다. 보통은 젊은이가 부지런히 공부에 힘쓰는 것을 칭찬하면서 필요한 돈을 부쳐주었다. 하지만 때론 돈을 좀 아껴 쓰면 좋겠다고 당부하는가

---

126 ell. 과거 직물 길이를 나타내던 단위. 1엘은 115센티미터.-옮긴이

하면, 누이들의 지참금 운운하며 경비 절감을 호소하기도 하였다. 또, 부모님께 용돈을 받아쓰기는커녕 학생 자신이 그들을 부양하는 예도 있었다. 어떤 아버지는 호라티우스[127]까지 들먹이며 한 해 포도 농사를 망쳤다고 설레발을 떤다. 학생에 대한 나쁜 소문이 아버지나 삼촌의 귀에까지 들리는 일도 허다했다. 이럴 때면 학생은 서둘러 그런 소문이 적들의 중상모략(中傷謀略)이라고 진화에 나섰다. 여기 아버지의 진중한 훈계가 담긴 견본이 있다. 이것은 프랑슈-콩테 컬렉션(Franche-Comté collection)에서 발췌한 것이다.

"브장송의 P가 오를레앙에 있는 아들 G에게 아버지의 정을 담아 몇 자 적는다. 아들아, '공부에 게으른 자는 곧 시간을 헛되게 쓰는 자'라는 말이 있단다. 요사이 듣자 하니 네가 방종하고 나태하게 살며 자신을 스스로 다잡기보다는 무절제한 생활에 빠져 있다는구나. 다른 학생들은 공부에 매진하는데 너만 나가 놀고 기타나 만지작거리면 되겠느냐. 네가 법률 서적

---

127 Quintus Horatius Flaccus, 65~8BC. 고대 로마의 시인. 풍자시와 서정시로 명성이 높다.-옮긴이

을 한 권도 끝내지 못한 사이에 근면한 동급생들은 서너 권은 족히 읽었으리라. 상황이 이러할지니 나는 너의 방종하고 부주의한 생활 태도에 경종을 울리려 펜을 들었단다. 아들아, 더는 시간을 낭비하지 말고 너 자신의 부끄러운 행실을 반면교사(反面教師)로 삼아 학업에 정진하기 바란다."

퐁스 프로방스[128]를 모방하여 교사가 학생의 아버지에게 직접 편지를 쓰는 일도 있는데, 이를테면 교사는 학생이 공부는 열심히 하지만 품행이 다소 거칠어 적당히 타이를 필요가 있다고 적는다. 당연히 교사는 자기가 그런 말을 했다는 사실을 비밀에 부치고 싶다. 그래서 아버지도 그의 아들에게 이렇게 말한다.

"상당히 믿을만한 소식통에 따르자면, 네가 방에 들어앉아 진득이 공부도 하지 않고 학교에서 보이는 행실도 썩 모범적이지 않다고들 한다. 물론 너의 선생님이 이런 사실을 내게 감출 것 같지는 않다만, 아무튼 그의 입에서 나온 말은 아니란다. 틈만 나면 나

---

128 앞의 주석 82(본문 79쪽) 참조.-옮긴이

가 놀고, 주변을 배회하며, 선생님 말씀은 귓등으로 듣고, 놀음에 온갖 시답잖은 유흥에만 취해 산다는 달갑지 않은 이야기를 이렇게 편지에 적는구나." 이어 진부한 훈계가 뒤따른다.

오를레앙의 두 소년은 그들이 학문의 성지에 도착했음을 이렇게 고한다.

"친애하고 존경하옵는 부모님께 두 아들이 안부를 전하고 자식으로서 예를 올립니다. 신의 은총을 받아 저희는 오를레앙에서 건강하게 잘 지내고 있습니다. 그리고 '지식을 쌓는 일은 칭찬받아 마땅하다'는 카토[129]의 경구를 마음에 새기며 공부에 온 힘을 다하고 있습니다. 저희는 학교와 시장이 가까운 곳에 하숙집을 마련했습니다. 그래서 날마다 학교를 오가는 데 불편함이 없습니다. 또, 하숙집 친구들도 하나같이 공부를 잘하고 생활 태도가 훌륭하여 저희가 배울 점이 많습니다. 다윗(Psalmist)[130]께서도 '올곧은 자에게는 올곧

---

129 Marcus Porcius Cato, 234~149BC. 고대 로마의 정치가, 문인. 노년에 이르러 희랍어를 배우기 시작했다고 전해진다.-옮긴이

130 이스라엘의 노래 잘하는 자.「사무엘기」하, 23:1.-옮긴이

대학의 탄생

음을 보이시니라'[131] 말씀하시지 않았습니까."

이런 젊은이들은 가급적 학생 신분으로 오래 지내기를 바란다. 몇 번이고 학기 연장을 신청한다. 전쟁이 발발하건 부모형제가 죽건 유산을 물려받건 학생의 마음속에는 오로지 떠날 시간을 늦출 생각뿐이다. 그는 "팔라스[132]의 궁정에 오랫동안 들러붙어 있기를 바란다." 무슨 일이 있어도 그는 부활절 전에 자리를 비울 수 없는데, 그의 선생님들께서 중요한 강의를 개설했기 때문이다. 시에나에서 공부하던 한 학생이 결혼하러 집으로 돌아오라는 전갈을 받자 그는 혼인문제로 학문의 뜻을 접는 것은 가당치도 않다고 말한다. "양가집 규수야 언제든 아내로 맞이할 수 있지만, 공부는 때를 놓치면 되돌릴 수 없기 때문이다."

그러나 기어이 떠날 때가 온다. 이쯤 되면 졸업(중세 말로 '개시' 또는 '시작'[133])에 필요한 비용을 마련하느라

---

131 「시편」 18:25.-옮긴이

132 Pallas. 그리스 신화에 나오는 아테나(Athena) 여신의 호칭. 지혜의 여신으로 불린다.-옮긴이

133 inceptio. 졸업에 해당하는 라틴어 단어. 교사면허증을 받고 정식으로 가르치는 일을 개시 또는 시작한다는 의미.-옮긴이

골머리를 앓는다. 파리의 한 학생은 그의 친구를 통해 아버지께 작금의 상황을 설명한다. 왜냐하면 "보통 사람은 그런 것을 이해하지 못하기 때문이다." 수년간 힘들게 공부하고 나서 어째서 술잔치를 벌릴 돈이 없어 졸업에 곤란을 겪는단 말인가! 오를레앙의 보테렐(D. Boterel)이라는 학생은 투르의 친지들에게 편지를 보내 지금 마지막 법률 서적을 공부하고 있는데 이 책을 모두 읽고 나면 교수자격증을 얻을 수 있다고 말한다. 단, 졸업하려거든 100리브르[134]가 필요하니 좀 부쳐달라고 덧붙인다. 볼로냐의 졸업식 광경은 이미 앞에서 소개했다.[135]

학생 시

학생 편지(중세 후기 전체에 흩어져 있는)와 달리 중세의

---

134 livres. 프랑스 혁명 전의 화폐 단위.-옮긴이
135 앞의 본문 90쪽 참조.

학생 시는 상대적으로 짧은 기간에 한정된다. 특히 뛰어난 작품은 대략 1125년에서 1225년 사이에 나오는데, 이는 12세기 르네상스, 그중에서도 고전 문학의 부활과 밀접하게 관련된다. 주로 이 시기의 떠돌이 학승들(전·현직 학생들, 때론 교수들까지 포함하여)이 시인을 자청했는데, 그들은 이 도시에서 저 도시로 배움을 쫓고 모험을 찾아 정처 없이 떠돌며 입으로는 학승을 자처하지만 정작 행실은 매우 학승답지 못했다. 시먼즈[136]에 따르자면, "그들은 집에서 멀리 떨어진 곳에서 익명의 삶을 즐기며 얇은 지갑만큼이나 헐렁한 마음가짐으로 오직 쾌락만을 일삼는다. 그야말로 제멋대로이고 꼴사나운 자들이다." 또, 12세기 어느 수도승의 증언처럼, "그들은 세상천지를 배회하며 도시라는 도시는 모두 방문한다. 그러다가 너무 많은 것을 배워서인지 그만 정신을 잃는다. 그도 그럴 것이 파리에서 자유학예를, 오를레앙에서 고전을, 살레르노에서 의학을, 톨레도에서 연금술을 두루 섭렵한

---

136 John Addington Symonds, 1840~1893. 영국의 시인, 문학 비평가, 문화 역사가.-옮긴이

그들이지만, 단 하나 예절과 도덕은 세상 어디에서도 배운 적이 없기 때문이다." 하지만 그들의 주요 서식지(habitat)는 새로운 문학의 부흥지로 이름이 높았던 북프랑스였다.

이러한 떠돌이 학승들은 골리아드(Goliardi)[137]로 불렸는데, 아마도 필리스티아의 골리앗[138]에서 유래한 이름인 듯하다. 그리고 그들의 시가는 일반적으로 골리아드의 노래(Goliardic poetry)[139]로 알려졌다. 그것은 대부분이 익명으로 전해지고 있지만, 최근 들어서는 문법교사 위그[140](1142년경 오를레앙의 사제, '프리마'라는 별명으로 알려진)와 아키포에타[141]처럼 작자의 신원이 밝

---

137 12~13세기 중세 유럽의 떠돌이 시인. 방랑시인, 편력시인, 음유시인 등으로 불리는 당대의 이방인 집단. 중세의 숨 막히는 기독교 모럴에 맞서 자유를 노래하고 시대를 풍자하며 삶의 본질을 적나라하게 보여주는 '세속적인' 시가들을 남겼다.-옮긴이

138 Goliath the Philistine. 「사무엘기」상, 17장에 나오는 필리스티아의 거인 장수. 이스라엘의 관점에서 필리스티아 사람 골리앗은 속물 또는 무뢰한의 대명사였다. 마찬가지로 중세의 떠돌이 시인들도 기성 질서를 파괴하는 무도하고 입이 험한 골리아드[골리앗]였다.-옮긴이

139 1803년 독일의 보이에른 수도원 서고에서 두루마리 사본 형태로 발견되어 1847년 출간된 『보이에른의 시가집Carmina Burana』이 대표적이다. 이 시가집에는 250편에 달하는 중세 유랑객들이 지은 노래와 시들이 수록되어 있다.-옮긴이

그림 17 중세의 뜨내기 학승. 허름한 도포 차림에 지팡이 하나 들고 세상을 떠돌아다녔다.

혀지기도 하였다. 마스터 위그는 신랄하고 영리한 악마의 화신으로서 수 세기 동안 "빼어난 즉흥시인"으로 이름을 날렸는데, "그가 일단 작심하고 신을 찬양할 것 같으면, 그의 편지들보다 신성한 것도, 또 교회에 이로운 것도 없었을 것이다." 아키포에타의 시들은 1161년부터 1165년 사이에 주로 이탈리아에서 찾

---

140 Hugues d´Orléans, c.1093~1160. 12세기 프랑스의 라틴어 음유시인. 외모가 영장류만큼이나 못생겼다 하여 주변에서 '프리마'라는 별명을 지어주었다.-옮긴이

141 archipoeta, c.1130~1165. 익명의 12세기 라틴어 시인. 위그와 함께 시대를 대표하는 방랑시인.-옮긴이

아진다. 그는 봄과 여름 동안은 "독자적인" 행보를 하다가 가을에 찬바람이 불기 시작하면 후원자인 쾰른의 대주교[142]에게 옷가지와 망토를 구걸한다. 1주일 안에 황제에게 바칠 서사시를 지어달라는 부탁이라도 받는 날이면, 그는 배가 너무 고파서 시상(詩想)이 잘 떠오르지 않는다고 에두른다. 모름지기 좋은 시를 지으려거든 좋은 술이 있어야 한단다.

나는 술을 마신만큼 시를 쓴다.

그렇다면 그가 「고백(Estuans intrinsecus ira vehementi)」[143]을 지었을 때는 양질의 술을 마셨던 것이 분명하다. 이 떠돌이 시인은 파비아의 불타는 유혹을 생생한 필치로 묘사하는데, 그중 압권은 선술집의 즐거움을 찬양하는 장면이다.

---

142 Rainald von Dassel, 1114~1167. 쾰른의 대주교. 신성 로마 제국의 황제 프리드리히 바르바로사 편에서 교황에 반대하는 정책을 추진했다.-옮긴이

143 아키포에타가 남긴 10편의 라틴어 시 중 하나로서 『보이에른의 시가집』에서 가장 유명한 작품.-옮긴이

술집에서 죽겠다는

내 결심은 변함없으니;

입술에 술이 마르지 않는 곳에서

생을 마감하리라;

그러면 천사들이 내려와 노래를 부르겠지,

그 영롱한 목소리여,

"지엄하신 신이여, 이 술고래에게

아량을 베풀어 죄를 사해주소서!"

  골리아드의 시는 라틴어로 지어진 것이지만 현대 시의 운율과 강세를 따르느라 고대의 음보 체계를 버렸는데, 그렇게 하여 등장한 현대 판형들 가운데 최고로 손꼽히는 것, 가령 내가 인용한 시먼즈의 것조차 원작의 활기와 억양과 리듬을 올곧게 재현하지 못한다. 원작자들은 고대의 신화, 특히 오비디우스의 작품들에 정통하여 그것들의 가르침(엄격하기로 이름난 클뤼니 수도원[144]에서조차 본보기로 삼은)을 거리낌 없이 수용했다. 이러한 시를 고전적(classical)인 것으로 명명하는 데는 삶을 바라보는 이교도적인 솔직함 때문이다. 그

그림 18 행운의 여신을 그린 세밀화. 여신은 운명의 바퀴 한가운데 앉아 있고, 인간은 그 주변을 돌며 인생의 흥망성쇠를 맛본다. 11~13세기 골리아드의 노래를 모아놓은 『보이에른의 시가집』에 들어 있다.

들은 베누스[145]와 바쿠스, 또 데키우스[146]를 섬긴다. 그리고 사랑과 술과 봄날을, 하늘 아래 광활한 대지를 유랑하는 삶을 예찬한다. 지금 살아 있는 이 세상의 기쁨을 노래하는 것이 고대 시인들의 시구[147]나 훗날 대학에서의 우렁찬 합창 소리(심지어 오늘날까지도 대학생들이 즐겨 부르는)를 떠올린다.

인생을 즐겨라, 아직 젊음이 네 곁에 있을 때[148]

---

144 L'Abbaye de Cluny. 910년 프랑스 부르고뉴 지방의 클뤼니 장원 안에 세워진 수도원. '클뤼니의 개혁'으로 불리는 중세 수도원 개혁의 중심지.-옮긴이

145 Venus. 로마 신화에 나오는 사랑과 미의 여신.-옮긴이

146 Decius. 노름꾼의 성자. 중세 라틴어 시에는 '술꾼의 미사(Missa Potatorum)'와 '노름꾼의 미사(Officium Lusorum)'로 불리는 장르가 있었다. 교회의 라틴어 미사를 패러디하여 술과 노름에 빠진 성직자와 학승을 조롱하는 내용으로서 술꾼의 미사에서는 바쿠스가, 노름꾼의 미사에서는 데키우스가 신을 대신했다.-옮긴이

147 이를테면, '현재의 삶을 즐겨라(carpe diem)'는 호라티우스의 시구.-옮긴이

148 Gaudeamus igitur iuvenes dum sumes. 오늘날에도 대학생들의 모임이나 졸업식에서 즐겨 부르는 노래. 이 노랫말의 기원을 13세기로 보기도 하지만, 우리가 알고 있는 가사는 18세기 이후 등장한 것이다. "인생을 즐겨라, 아직 젊음이 네 곁에 있을 때 / 젊은 날의 즐거움이 사라지고 / 고달픈 노령이 지나면 / 우리에겐 흙으로 돌아갈 일만 남았으리."-옮긴이

일반적으로 골리아드의 시에는 개성이 드러나지 않고 특정 장소에 관한 정보도 부족한 편이지만, 그것만큼 중세 학생들의 명랑무도(明朗無道)한 일상을 잘 보여주는 자료도 없다. 이 노래는 누구에게나(신분과 지역을 가리지 않고) 문호가 개방된 유랑 집단을 흠모한다. 각지에서 몰려든 잠꾸러기, 노름꾼, 주정뱅이들은 몸에 달랑 외투 하나 걸치고 너무도 당당하게 이 도시 저 도시를 떠돌며 돈을 구걸하는데, 이는 앞서 살펴본 학생 편지[149]를 시의 형식으로 옮겨놓은 것과 흡사하다.

> 나는 떠돌이 학승,
> 고난과 슬픔을 타고났지,
> 종종 어쩔 수 없이
> 가난이 광기를 부르네.
>
> 문학과 지식을 향한 나의

---

[149] 부모, 친지, 후원자 등에게 돈을 보내 달라고 부탁하는 편지.-옮긴이

열정이야 변함없지만,

수중에 돈 한 푼 없으니

배움에서 멀어지노라.

내 몸에 두른 낡은 옷은

헤지고 구멍이 나서;

감기를 달고 살 수밖에 없고,

따뜻함은 잊은 지 오래구나.

교회에 자주 가지 못하지만,

신을 찬양하는 노래를 부르리;

미사와 저녁 기도에 참석지 못해도,

나의 마음만은 진실하다네.

오, 고매하신 N이여,

당신께 간청하노니

가난한 자에게 자비를 베푸소서,

하늘이 당신을 굽어살피리라.

당신의 마음속에도

성 마르티노[150]의 온정이 있어;

순례자의 헐벗음을 덮어주고,

헤어질 때 축복을 빌어주소서.

그러면 신이 당신의 영혼을 헤아려

영원한 안식을 주고,

성인들은 축복을 내리노라

천상에 있는 당신에게.

한편, 길모퉁이 선술집에서 서로 마주친 학생들은 자신들의 동지애를 과시하는 노래를 불러댄다.

우리의 방랑길은,

즐거움과 쾌락으로 가득하네,

타라, 탄타라, 테이노!

---

150 Sanctus Martinus Turonensis, 316~397. 프랑스 투르의 주교. 아이들의 친구이자 가난한 사람의 후원자. 구걸하는 자에게 자신의 외투를 반으로 갈라 나누어주었다는 일화가 유명하다.-옮긴이

대학의 탄생

마음껏 먹고,

예의껏 마신다네;

타라, 탄타라, 테이노!

창자가 터지도록 깔깔대고,

넝마 떼기나 두른다네;

타라, 탄타라, 테이노!

흰소리를 안주 삼아,

술이나 들이키며 산다네:

타라, 탄타라, 테이노!

또 다른 시에서는 한 무리의 술꾼들을 묘사한다.

노름을 일삼고, 술을 마시며,

아무 생각 없이 산다네;

난동을 부리다가,

외투와 상의를 잃어버렸으니;

깃털이나 몸에 두르거나,

맨몸 차림으로 나다니네;

죽음 따위는 두렵지 않지만,

남만큼 술을 못 마실까 걱정이네.

이때 그들은 첫 잔을 죄수와 포로들을 위해 마시는 무례를 범하고, 이어 삶을 위한다며 석 잔을 연거푸 마신다. 네 번째 잔은 세상천지의 기독교도들을 위해 마시고, 다섯 번째 잔은 신념을 지키다 죽은 사람들을 위해 마신다. 그렇게 열세 번째 순번이 돌면 육지와 바다를 여행하는 사람들을 위해 마시고, 마지막 큰 잔은 국왕과 교황을 위해 마신다. 그야말로 술독에 빠진 시대를 대변하는 시가 아닐 수 없다.

술과 사랑이 단골 주제이지만, 골리아드의 시에서는 다량의 패러디와 풍자도 찾아진다. 경전과 예배에 익숙한 대중들을 염두에 두고 『성서』, 성모(聖母) 찬가, 미사 전문(典文)("술꾼의 미사"와 "노름꾼의 미사"에서 사용되는 것과 같은)[151] 등을 패러디했다. 가장 널리 알려진

---

151 앞의 주석 146(본문 147쪽) 참조.–옮긴이

것은 「돈의 복음(Evangelium Secundum Marcas Argenti)」[152]이라는 제목하에 교황을 풍자한 작품이다. 이것 말고도 로마 교회를 비아냥거리는 노래들은 수없이 많다. 한편 "골리아스 주교(Golias the Bishop)"[153]를 등장시켜 고위 성직자의 자만과 차가움과 탐욕을 고발하기도 한다. 여기에는 주로 말단 성직자, 특히 자유로운 영혼을 소유한 떠돌이 학승들의 관점이 담겨 있는데, 이들 성복(聖服)을 입은 음유시인들은 9세기 이후 교회의 골칫덩어리가 된다.

이러한 종류의 시는 우리가 알고 있는 중세와는 너무나도 달라 그로부터 '중세적'이라는 수식어를 지우려는 사람들이 있다. 그리하여 "시기적으로만 중세에 속한다"고 말하는가 하면, 그 안에서 르네상스의 정신 혹은 종교개혁의 맹아를 찾으려 한다. 그러나 우리가 중세에 대한 인식의 지평을 넓혀 중세의 삶을 있는 그대로 수용하는 것이야말로 역사학의 정신(the

---

152 복음서의 구절을 스무 군데 이상 패러디하면서 교회의 타락과 부패를 조롱한 노래. 『보이에른의 시가집』에 수록되어 있다.-옮긴이

153 성 골리아스. 가공의 인물. 방탕한 자들의 수호성인.-옮긴이

spirit of history)에 들어맞는 일일 게다. 골이아드들은 르네상스에 앞서 등장한 인문주의자들도, 종교개혁의 선구자들도 아니었다. 그저 중세의 평범한 사람들로서 자신들의 시대를 글로 표현했다. 이들 알프스 이북, 특히 프랑스의 학승들이 남긴 저술들은 일면 이탈리아의 르네상스를 예견하는 것처럼 보이지만, 르네상스는 그보다 일찍 시작했고 흔히 생각하는 것처럼 이탈리아에만 국한된 것도 아니었다. 골리아드들이 보통의 학승들보다 눈에 띄게 세속적이고 솔직하였기에 우리는 그들에게서 색다른 무엇인가를 기대하는 것이다. 서사시와 드라마는 차치하고, 서정시만 보아도 교회 안 세상과 교회 밖 세상이 서로 밀접하게 관련되어 있음은 자명하다. 교회의 담장이 그 두 세상을 엄격하게 갈라놓을 수 있다는 것은 단지 후일의 상상에 불과하다. 당연히 오늘날 누구도 그렇다고 믿지 않는다. 그들의 정신이 세속적이건 종교적이건, 골리아드들이 인간적이었다는 것만은 틀림없다. 그들은 삶을 있는 그대로 보고 느꼈다. 그리고 그들이 알고 있는 것을 글로 썼다.

맺음말

마지막으로 눈에 잘 띄지 않는 선량한 학생들에 대해서도 한마디 해야겠다. 그래야만 균형이 맞을 것 같다. 래쉬돌[154]에 따르자면, "품행이 단정한 학생들에 대한 기록은 남아 있지 않다." 시대를 막론하고 그런 부류의 학생들은 주변의 기개 넘치는 한량들보다 주목을 덜 받기 마련이다. 그러므로 설교에서나 언급할법한 다소 따분해 보이지만, 순종적이고 공손하며, 배움에 대한 열정으로 강의를 열심히 듣고 토론에 적극적으로 참여하며, 저녁에 강가를 산책하면서도 낮에 배운 내용을 복기(復記)하는 학생이야말로 모범생의 전형이다. 학생 편람에 등장하는 이상적인 학생은 정해진 지침대로 행동하는 자이다. 주지하듯, 편지 속 학생은 궁핍한 환경에서도 공부에 매진하는 고(苦)학생의 본보기다. 시의 경우에는 아예 그런 착실한 학생이 없단다! 학생들의 시에서 "술고래와 에로

---

154 Rashdall, *Universities*, II, p. 692.

틱한 소재, 그리고 불경한 내용만이 찾아지는 것은 아니었지만,"[155] 대체로 그러하였기에 우리는 그로부터 대학 생활의 진지한 면을 확인하기 어렵다. 장 오트빌[156]이 묘사하는 가난하지만 근면한 학생은 분명 수많은 학생을 대변하는 것이 틀림없지만, 적어도 시에 등장하는 학생들의 모습과는 거리가 멀다. 성실한 학생의 진가는 공부의 과정에서 드러나기 마련인데, 그의 부지런함은 강의 노트와 토론에 묻어난다. 대학 교육과 관련된 자료들이야말로 학생 생활의 보고(寶庫) 아니겠는가! 요즘에 동창회라도 열릴 것 같으면 참석자들은 학창 시절의 따분한 공부 이야기보다는 자신들의 무용담을 소환해 늘어놓기 바쁘다. 오늘날 공부를 열심히 하는 학생이 신문의 머리기사를 장식하는 경우는 없다. 마찬가지로 어느 연출가도 "학구적인 학생"을 제목으로 연극이나 영화를 제작하지 않는다. 하지만 대학에 가보면 여전히 수많은 학생이

---

155 Ibid., p. 686, note.
156 앞의 주석 111(본문 112쪽) 참조.-옮긴이

대학의 탄생

공부에 매진하고 있고, 그들은 그곳에서의 학문적 성취가 후일 자신들의 삶에 고스란히 반영된다는 것을 잘 안다. 이런 상황은 중세라고 다르지 않았다. 볼로냐에서 법학을 공부하는 학생들은 자신들이 지급한 수업료에 걸맞은 강의를 교수들에게 요구했다. 로베르 드 소르본에 따르자면, 졸업 시험에 통과하기 위해서는 미리 준비를 철저히 해야만 했다. 중세 대학에서는 직업적 동인이 학습의 강력한 유인책으로 작용하였지만, 그것 못지않게 지식 자체에 대한 욕구와 지적인 대화에 대한 갈망도 대단했다. 적어도 이름있는 대학들에서는 지적인 활동이 매우 왕성하여 학문을 신성화하는 일까지 벌어졌는데, 일찍이 아벨라르의 제자들이 광야에 오두막을 짓고 그의 가르침으로 연명하였음은 주지의 사실이다.[157] 중세에는 교수들이 주로 책을 썼고, 그러다 보니 학생들은 책의 탄생과정을 옆에서 지켜보는 특권을 누렸는데, 이는 지식

---

157 앞의 주석 33(본문 37쪽) 참조. 아벨라르가 엘로이즈와의 연애 사건 이후 파리에서 추방되자 그의 가르침을 받으려는 학생들이 함께 방랑길에 올랐다는 이야기.-옮긴이

이 샘솟는 원천에서 배움을 경험했다는 것을 의미한다. 그때도 지금처럼 대학의 도덕적 권위는 지적 생활의 강렬함과 신실함에 있었다.

학생 문헌을 전체적으로 살펴보았을 때, 가장 눈에 띄는 특징이자 가장 아쉬운 점은 개별성이 드러나지 않는다는 것이다. 학생 편람은 대학의 모든 학생을 대상으로 만든 것이다. 편지 작성은 궁핍한 학생(돈, 의복, 책 등이 부족한)이 언제든 이용할 수 있게 일반적인 형식을 따랐다. 시에서는 개인적인 감정이 묻어날 것 같지만, 실상은 그저 그런 중세풍의 장르를 따르며 개인이 아닌 특정 계층의 목소리를 반영할 뿐이다.

이와 함께 우리가 잊지 말아야 할 것은 이런 보편적인 특성(특정 이해관계에서 자유로운)이 학생 문헌의 역사적 가치를 올려준다는 점이다. 역사가는 특별한 것보다 일반적인 것을 탐구한다. 그리고 그는 개별적인 사실들(일반화하기에 너무 희소하고 변변치 않은)을 애쓰고 수집하여 서로 비교하면서 자신의 지식을 쌓아간다. 그런데 앞서 살펴본 학생 문헌의 경우, 역사가는 이런 수고를 할 필요가 없다. 학생들의 손을 거치면서 이미 지엽적이고 특별하고 예외적인 사안들이 모조리 걸러진 채 그에게는 수 세기 동안의 학생 생활을 일반화한 경험적 자료만 건네졌기 때문이다.

중세의 학생 문헌은 그 안에 담겨 있는 인간적인 면모 때문에 오늘날에도 여전히 세상의 주목을 받는다. 형식은 바뀌어도 본질은 그대로여서 중세 옥스퍼드와 파리의 학승들이 현대 하버드와 예일의 학생들을 대변한다. 라틴어 대화와 토론, 볼로냐의 진창, 그리고 그랑퐁의 환전상은 오롯이 중세에만 속한다. 현대에는 이질적인 풍경이다. 그러나 돈과 의복, 방, 교사, 책, 격려와 우정 같은 것은 시공을 뛰어넘어 언제 어디서나 관심을 끄는 소재들이다. 어느 역사학 교수의 말처럼, 역사를 가르치면서 가장 어려운 점은 학생들에게 과거의 사건들이 모두 달나라에서나 일어났던 것이 아님을 납득시키는 것이다. 중세는 우리로부터 매우 멀리 떨어져 있다. 어떤 면에서는 고대보다도 멀찌감치 있다고 느낀다. 하지만, 그때나 지금이나 인간은 똑같이 인간이다. 이런 사실을 깨닫기란 무척 어렵다. 어느 시대건 인간 발달의 기본 원칙은 변함이 없다. 인간의 본성과 세상천지가 바뀌지 않는 한 달라질 것은 아무것도 없다. 삶과 학문을 대하는 자세에서 중세의 학생은 우리가 생각하는 것 이상으로 오늘날의 학생과 비슷하다. 주변 환경이야 다를 수 있겠지만, 당면한 과제는 별반 다르지 않았다. 또, 도덕적으로 조금 더 타락했을지는 몰라도, 야심만만하고 경쟁심에 불타고 학구열로 가득했다. 그리고 무엇보다 지적인 성취가 학문의 도시에, "유구한 역사를 자랑하는 학자들의 조합"[158]에 일원이 되는 것을 의미했다.

---

158 "the ancient and universal company of scholars." 하버드 대학 졸업식에서 박사학위 취득자들에게 건네는 축하의 말.-옮긴이

대학의 탄생

참고문헌

―――――

제1장

중세 대학에 관한 표준적인 교과서는 래쉬돌(H. Rashdall)의 *The Universities of Europe in the Middle Ages* (Oxford, 1895)이다. 패토우(L. J. Paetow)의 *Guide to the Study of Mediaeval History* (Berkeley, 1917)에서는 후기 문헌자료에 관한 정보를 쉽게 얻을 수 있다. 먼로(D. C. Munro)의 *The Mediaeval Student* (Philadelphia, 1895)와 노턴(A. O. Norton)의 *Readings in the History of Education: Mediaeval Universities* (Cambridge, Mass., 1909)는 중요한 자

료들을 번역·수록하여 편리하게 이용할 수 있다. 볼로나에 관한 자료집은 *Cartularium*과 1907년부터 시리즈로 발행하는 *Studi e Memorie*가 있다. 한편 이 도시의 초기 역사에 관해서는 헤셀(A. Hessel)의 *Geschichte der Stadt Bologna von 1116 bis 1280*, I (Berlin, 1910)을 참조하라. 살레르노에 관해서는 지아코사(Giacosa)와 주트호프(Sudhoff)의 저서 및 주트호프 제자들의 연구가 있다. 그중 가장 인기 있는 *The School of Salernum*은 해링턴(J. Harrington)의 고풍스러운 영역본(London, 1922)이 최근 다시 출간되었는데, 개리슨(F. H. Garrison)이 주석을 달고 패커드(F. R. Packard)가 서문을 썼다. 파리에 관해서는 특별히 생각나는 현대 역사가가 없다. 케임브리지에 관해서는 멀링거(J. B. Mullinger)가 여전히 최고의 권위를 자랑한다. 옥스퍼드에 관해서는 래쉬돌의 연구가 가장 뛰어나다. 이 두 대학의 경우에는 몇몇 칼리지들의 역사를 연구할 필요가 있다.

제2장

중세의 학습 내용에 관해서는 테일러(H. O. Taylor)
의 *The Mediaeval Mind* (New York, 1919)가 대표적이
다. 그밖에 풀(R. L. Poole)의 *Illustrations of the History
of Mediaeval Thought and Learning* (London, 1920), 그
라브만(M. Grabmann)의 *Geschichte der scholastischen
Methode* (Freiburg, 1909~11), 샌디스(J. E. Sandys)의 *History
of Classical Scholarship*, I (Cambridge, 1921), 손다이크(L.
Thorndike)의 *History of Magic and Experimental Science*
(New York, 1923), 뒤엠(P. Duhem)의 *Le système du monde
de Platon à Copernic*, II-V (Paris, 1914~17), 해스킨스(C.
H. Haskins)의 *Studies in the History of Mediaeval Science*
(Cambridge, Mass., 1924)를 참조하라. 이 가운데 해스킨
스의 책은 철학, 수학, 법학, 의학의 역사에 관한 표
준적인 교과서다. 특별한 자료들은 패토우의 *Guide
to the Study of Mediaeval History*와 *The Arts Course
at Mediaeval Universities* (Urbana, 1910)에 수록되어 있
다. 또한, 패토우가 번역·출간한 당들리의 *Battle of*

the Seven Arts (Berkeley, 1914)를 참조하라. 아벨라르의 *Sic et Non* 방법은 노턴의 *Readings in the History of Education*, pp. 20~25에서 확인할 수 있다. 아벨라르의 방법에 관해서는 보임커(C. Baeumker)의 *Beiträge zur Geschichte der Philosophie des Mittelalters*, XXI (Münster, 1919 ff.)에서 가이어(B. Geyer)가 편집한 논리학 저술들을 참조하라. 중세의 대학 교실에 관한 가장 훌륭한 기술은 카바자(F. Cavazza)의 *Le scuole dell' antico studio bolognese* (Milan, 1896)이다. 로베르 드 소르본의 *De conscientia*는 샹봉(F. Chambon)의 편집본(Paris, 1903)을 참조하라.

제3장

학생 생활에 관한 간략한 기술은 래쉬돌의 책 마지막 장과 레이트(R. S. Rait)의 소책자 *Life in the Mediaeval University* (Cambridge, 1912)를 참조하라. 해스킨스의 "The Life of Mediaeval Students as Illustrated by Their Letters," *American Historical Review*, III (1898, pp. 203~229)와 "The University of Paris in the Sermons of the Thirteenth Century," *American Historical Review*, X (1904, pp. 1~27)도 유용하다. 존 갈랑드의 *Dictionary*는 라이트(T. Wright)의 *A Volume of Vocabularies* (London, 1882), pp. 120~138에서 편리하게 찾아볼 수 있고, 그의 또 다른 저서 *Morale Scolarium* 은 패토우가 출간을 준비 중이다. 세이볼트(R. F. Seybolt)는 *Manuale Scholarium*을 번역하여 주석을 달았다(Harvard University Press, 1921). *Statuta vel Precepta Scolarium*은 바인가르트(M. Weingart)의 편집본(Metten 1894) 및 발만(P. Bahlmann)의 *Mitteilungen der Gesellschaft fur deutsche Erziehungs-und Schulgeschichte*, III, pp. 129~145 (1893)를 참조하라. 글릭셸리(S. Glixelli)의 "Les Contenances de Table," *Romania*, XLVII (1921, pp. 1~40) 은 중세 예절서에 관한 최근의 연구물이다. 골리아드의 시를 한데 모아놓은 저서로는 슈멜러(J. A. Schmeller)의 *Carmina Burana* (Bresllau, 1894)가 돋보이고, 번역본으로는 시먼즈(J. A. Symonds)의 *Wine, Women, and Song:*

Mediaeval Latin Students' songs (London, 1884)가 있다. 두 명의 방랑시인은 신원이 밝혀졌는데, 마스터 위그는 드릴(L. Delisle)과 마이어(W. Meyer)를 통해, 아키포에타는 슈마이들러(B. Schmeidler)와 마니티우스(M. Manitius)를 통해 세상에 알려졌다. 골리아드의 시에 관한 입문서로는 패토우의 *Guide to the Study of Mediaeval History*, pp. 449 이하, 알렌(P. S. Allen)의 "Mediaeval Latin Lyrics," *Modern Philology*, V, VI (1908~09), 쥐스밀히(H. Süssmilch)의 *Lateinische Vagantenpoesie* (Leipzig, 1917)가 있다. '골리아드'의 어원에 관해서는 톰슨(J. W. Thompson)의 "The Origin of the Word Goliardi," *Studies in Philology*, XX (1923, pp. 83~98)를 참조하라.

찾아보기

대학의 탄생

옮긴이 **김성훈** 金成勳

강원도 춘천에서 태어났다. 강원대학교 사범대학 교육학과를 졸업한
후 캐나다 앨버타 대학에서 교육학 전공으로 박사학위(Ph.D.)를 받았다.
2007년부터 강원대학교 사범대학 교육학과 교수로 재직 중이다. 그동안
교육에 관한 역사철학적 연구를 해왔고, 최근에는 서양 지성사 및 문화사
전반으로 지적 관심을 넓혀가고 있다. 지은 책으로『영국의 교육사상가
들』(2010)과『교육사상 탐구』(2020)가 있고, 옮긴 책으로『루소 교육 소저
작』(2016),『(에라스무스)아동교육론』(2017/2007),『(에라스무스)교육방법론』
(2019) 등이 있으며, 엮은 책으로『교육학 명문 100선』(2016/2013)이 있다.
E-mail. seonghoonkim@kangwon.ac.kr

대학의 탄생

2021년 4월 20일 초판 1쇄 인쇄
2021년 4월 25일 초판 1쇄 발행

지은이 ∣ 찰스 호머 해스킨스
옮긴이 ∣ 김성훈
펴낸이 ∣ 권오상
펴낸곳 ∣ 연암서가

등 록 ∣ 2007년 10월 8일(제396-2007-00107호)
주 소 ∣ 경기도 고양시 일산서구 호수로 896, 402-1101
전 화 ∣ 031-907-3010 팩 스 ∣ 031-912-3012
이메일 ∣ yeonamseoga@naver.com
ISBN 979-11-6087-078-7 04920 978-89-94054-86-5(총서)

값 13,000원